Η ΒΊΒΛΟΣ ΤΟΥ ΤΡΟΧΟΣ ΑΚΙΝΗΣΗΣ ΚΑΙ ΡΟΛΟΥ ΜΑΓΕΙΡΙΚΉΣ

100 ΕΥΚΟΛΑ ΚΑΙ ΑΠΟΛΑΥΣΤΙΚΑ ΟΡΕΚΤΙΚΑ ΠΑΡΤΥ

Πέτρος Λαγουδάκης

ΠΙΝΑΚΑΣ ΠΕΡΙΕΧΟΜΕΝΩΝ

ΕΙΣΑΓΩΓΗ

Είτε τα αποκαλείτε ρόδες είτε ρολά, υπάρχει κάτι σε αυτό το ορεκτικό για πάρτι που σας κάνει να θέλετε να επιστρέψετε για περισσότερα. Τα γεμιστά σπιράλ όχι μόνο φαίνονται όμορφα σε κάθε χριστουγεννιάτικο ορεκτικό, αλλά αποτελούν επίσης μια γευστική προσθήκη στις συνταγές σας για ουρά, στα γιορτινά potlucks ή ακόμα και ως σνακ μετά το σχολείο. Είναι εύκολοι. Μπορείτε να τα κάνετε μπροστά. Δεν υπάρχει τίποτα περίπλοκο σε αυτά. Γι' αυτό συγκεντρώσαμε τις καλύτερες συνταγές για κάθε περίσταση. Απολαμβάνω.

ΤΟΡΤΙΛΑ ΑΝΤΡΟΧΟΙ

1. Φινλανδικοί τροχοί φρούτων

Κάνει: 84 μερίδες

ΣΥΣΤΑΤΙΚΑ:
- ½ κιλά δαμάσκηνο -- ψιλοκομμένο
- ½ κιλά Χουρμάδες -- ψιλοκομμένοι
- 1 φλιτζάνι βραστό νερό
- 3 φλιτζάνια αλεύρι για όλες τις χρήσεις
- 1 φλιτζάνι Ζάχαρη
- 2 κουταλάκια του γλυκού Μπέικιν πάουντερ
- ½ κουταλάκι του γλυκού Αλάτι
- 2 κουταλιές της σούπας Ζάχαρη
- 1 κουταλιά της σούπας βούτυρο ή μαργαρίνη
- 1 φλιτζάνι Βούτυρο
- 1 αυγό -- χτυπημένο
- 3 κουταλιές της σούπας Κρέμα
- 1 κουταλάκι του γλυκού εκχύλισμα βανίλιας

ΟΔΗΓΙΕΣ:
a) Σε μια κατσαρόλα ανακατεύουμε τα δαμάσκηνα, τους χουρμάδες, το νερό και τη ζάχαρη.

b) Μαγειρέψτε σε χαμηλή φωτιά, ανακατεύοντας συνεχώς, μέχρι να πήξει. Αποσύρουμε από τη φωτιά και ρίχνουμε το βούτυρο. Δροσερός.

c) Εν τω μεταξύ, σε ένα μπολ κοσκινίζουμε μαζί το αλεύρι, τη ζάχαρη, το μπέικιν πάουντερ και το αλάτι.

d) Κόβουμε σε βούτυρο όπως για μια ζύμη για πίτα.

e) Ανακατεύουμε με αυγό, κρέμα και βανίλια. Πλάθουμε σε δύο μπάλες. Τοποθετείτε μια μπάλα τη φορά σε μια αλευρωμένη σανίδα και τυλίγετε σε πάχος ⅛ in. Κόβουμε στα 2 σε τετράγωνα. Τοποθετούμε σε λαδωμένα φύλλα μπισκότων.

f) Κάντε σχισμές 1 ιντσών στις γωνίες. Τοποθετήστε ½ κουταλάκι του γλυκού γέμιση στο κέντρο του τετραγώνου.

g) Φέρτε κάθε άλλη γωνία στο κέντρο για να σχηματίσετε έναν τροχό και πιέστε ελαφρά.

h) Επαναλάβετε με την υπόλοιπη ζύμη και τη γέμιση.

i) Ψήνουμε στους 325 βαθμούς. για 12 λεπτά. ή μέχρι τα σημεία να γίνουν ανοιχτό χρυσαφί.

2. Τροχοί μήλου και κρέμας

Φτιάχνει: 1 μερίδα

ΣΥΣΤΑΤΙΚΑ:
- ½ Συνταγή κουάρκ
- Γάλα σε γλάσο
- 1 φλιτζάνι πουρέ μήλου? γλυκαμένα
- 1 κρόκος αυγού
- 1 κουταλιά της σούπας Ζάχαρη
- 1 κουταλιά της σούπας Αλεύρι
- 150 χιλιοστόλιτρα Γάλα

ΟΔΗΓΙΕΣ:
a) Κόψτε τη ζύμη σε 16 τετράγωνα, 3" επί 3".
b) Στο τετράγωνο, κόψτε διαγώνια από τη γωνία, αφήνοντας μια περιοχή στο κέντρο που είναι άκοπη, περίπου 1 ίντσα κατά μήκος. Βάλτε μια κουταλιά του γλυκού από τη μία ή και τις δύο γεμίσεις στο κέντρο.
c) Πάρτε μια γωνία και διπλώστε τη στη μέση.
d) Μεταβείτε στο επόμενο τρίγωνο και διπλώστε σε μια γωνία.
e) Κάντε αυτό για ένα από τα 4 τρίγωνα, ώστε να έχετε ένα σχήμα καρφίτσας.
f) Χρησιμοποιήστε μια φέτα ψαριού για να τη σηκώσετε σε ένα λαδωμένο ή στρωμένο δίσκο και βάψτε με γάλα ή αυγό και γάλα.
g) Ψήνετε στους 190 C, 375 F για 20 λεπτά μέχρι να ροδίσουν οι πόντους.

ΓΙΑ ΝΑ ΦΤΙΑΞΕΤΕ ΚΡΕΜΑ:
h) Ανακατεύουμε όλα μαζί και είτε στο φούρνο μικροκυμάτων για 2 λεπτά, ανακατεύοντας κατά διαστήματα, είτε μαγειρεύουμε σε χαμηλή φωτιά σε μια κατσαρόλα μέχρι να πήξει.
i) Θα έχει λίγο ωμό γεύση σε αυτό το στάδιο, αλλά θα είναι μια χαρά μετά το ψήσιμο.

3. Εύκολες ρόδες φρούτων

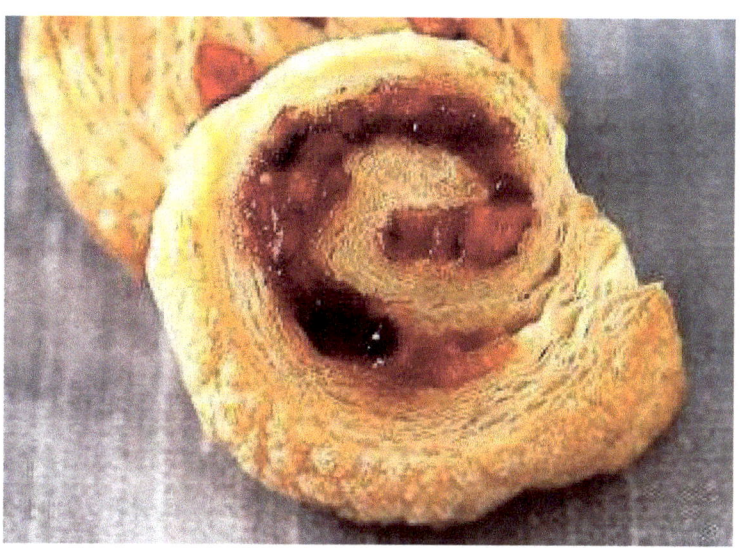

Φτιάχνει: 1 μερίδα

ΣΥΣΤΑΤΙΚΑ:

- 1 κατεψυγμένο φύλλο σφολιάτας. ξεπαγωμένο
- ½ φλιτζάνι Ζάχαρη? (σχετικά με)
- ½ φλιτζάνι Μαρμελάδα ή κονσέρβες? (σχετικά με)

ΟΔΗΓΙΕΣ:

a) Προθερμάνετε το φούρνο στους 400 F. Ανοίξτε το φύλλο ζύμης στην επιφάνεια εργασίας για να αφαιρέσετε τις τσακίσεις.

b) Αλείφουμε τη ζύμη με νερό. Ξεκινώντας από την 1 άκρη, τυλίξτε σφιχτά τη ζύμη σε ρολό σε στυλ ζελέ.

c) Κόψτε τη ζύμη σε γενναιόδωρους γύρους πάχους ¼ ίντσας.

d) Βάζουμε τη ζάχαρη στο πιάτο και πιέζουμε 1 γύρο να γίνει ζάχαρη. Τοποθετήστε το στρογγυλό στο ταψί, με την πλευρά της ζάχαρης προς τα πάνω, το άκρο τυλίγεται από κάτω. Επαναλάβετε με τους υπόλοιπους γύρους ζύμης. Πιέστε το κέντρο του στρογγυλού με το δάχτυλο για να σχηματιστεί μια μικρή κοιλότητα.

e) Ρίξτε 1 κουταλάκι του γλυκού μαρμελάδα σε κούφιο. Πασπαλίζουμε τα αρτοσκευάσματα με επιπλέον ζάχαρη.

f) Ψήστε τα αρτοσκευάσματα μέχρι να ροδίσουν, περίπου 20 λεπτά. Δροσίστε σε ράφια.

4. Τροχοί από βατόμουρο-παξιμάδι

Κάνει: 36 Μερίδες

ΣΥΣΤΑΤΙΚΑ:
- 2 φλιτζάνια αλεύρι για όλες τις χρήσεις χωρίς κοσκινισμένο
- 1 κουταλάκι του γλυκού Μπέικιν πάουντερ
- ½ φλιτζάνι (1 ξυλάκι) βούτυρο ή μαργαρίνη, μαλακωμένο
- 1 φλιτζάνι Ζάχαρη
- 1 Αυγό
- 1 κουταλάκι του γλυκού Βανίλια
- ¼ φλιτζάνι μαρμελάδα βατόμουρο χωρίς κουκούτσια
- 1 φλιτζάνι καρύδια ψιλοκομμένα

ΟΔΗΓΙΕΣ:
a) Κοσκινίζουμε μαζί το αλεύρι και το μπέικιν πάουντερ σε χαρτί κεριού.

b) Χτυπάμε το βούτυρο, τη ζάχαρη και το αυγό σε μεγάλο μπολ με το ηλεκτρικό μίξερ μέχρι να αφρατέψουν. Ανακατεύουμε τη βανίλια.

c) Προσθέστε σταδιακά το μείγμα του αλευριού, ανακατεύοντας μέχρι να ομογενοποιηθεί καλά.

d) Ανοίξτε τη ζύμη ανάμεσα σε δύο κομμάτια χαρτιού κεριού σε ορθογώνιο 12x10 ίντσες.

e) Αφαιρέστε το επάνω κομμάτι χαρτιού κεριού. Απλώστε ομοιόμορφα τη μαρμελάδα σε όλη την επιφάνεια της ζύμης. Πασπαλίζουμε ομοιόμορφα με ξηρούς καρπούς.

f) Τυλίξτε σταθερά τη ζύμη από μια μακριά πλευρά, σε στυλ ζελέ, αφαιρώντας το χαρτί κεριού καθώς τυλίγετε. Τυλίξτε ρολό σε χαρτί κεριού και βάλτε στο ψυγείο αρκετές ώρες ή όλη τη νύχτα.

g) Όταν είστε έτοιμοι να φτιάξετε μπισκότα, προθερμαίνετε το φούρνο στους 375 βαθμούς.

h) Κόψτε το ρολό σε γενναιόδωρες φέτες πάχους ¼ ίντσας με λεπτό κοφτερό μαχαίρι.

i) Μεταφέρετε τις φέτες σε λαδωμένο φύλλο μπισκότων, με απόσταση 2 ίντσες μεταξύ τους.

j) Ψήνουμε σε προθερμασμένο στους 375 βαθμούς. φούρνο για 9 λεπτά ή μέχρι να ροδίσουν γύρω από τις άκρες. Δροσίστε σε συρμάτινες σχάρες.

5. Τροχοί μάνγκο και λουκάνικου

Κάνει: 12 μερίδες

ΣΥΣΤΑΤΙΚΑ:

- 500 γρ κιμά λουκάνικου
- 36 φύλλα baby σπανάκι
- 185 γραμμάρια τσάτνι τσίλι μάνγκο
- 1 κρεμμύδι μικρό ψιλοκομμένο
- 1 κουταλάκι του γλυκού μαροκινό καρύκευμα προαιρετικά
- 1 πρέζα αλάτι και πιπέρι
- 3 φύλλα σφολιάτας
- 1 κγ γάλα

ΟΔΗΓΙΕΣ:

a) Συνδυάστε το κρεμμύδι, το τσάτνεϊ μάνγκο, τον κιμά λουκάνικου, αλάτι, πιπέρι και μαροκινό καρύκευμα σε ένα μεσαίο μπολ.

b) Απλώνουμε πάνω σε φύλλα ζύμης αφήνοντας ένα μικρό κενό στην άκρη.

c) Καλύπτουμε το κρέας με μια στρώση από φύλλα baby σπανάκι.

d) Τυλίξτε τη ζύμη από την πιο κοντινή άκρη. Περάστε ένα πινέλο ζαχαροπλαστικής βουτηγμένο σε γάλα κατά μήκος της άκρης για να σφραγίσετε τη ζύμη σε ένα μακρύ σχήμα λουκάνικου.

e) Κόψτε σε 12 φέτες και απλώστε τα κομμάτια σε ένα λαδωμένο ταψί.

f) Ψήνουμε στους 180 C για 12-15 λεπτά μέχρι να ψηθούν.

6. Ροδάκια σφολιάτας Αχλάδια

Κατασκευάζει: 25 ρόδες

ΣΥΣΤΑΤΙΚΑ:

- 1 φύλλο ζύμη σφολιάτας ξεπαγωμένη
- ⅔ φλιτζάνι αχλάδι κομμένο σε πολύ μικρούς κύβους
- ¼ φλιτζάνι τυρί Asiago Χρησιμοποιώ τυρί με πιπέρι Asiago, τριμμένο
- ⅛ φλιτζάνια φιστίκια Αιγίνης ψιλοκομμένα
- ⅛ φλιτζάνι αποξηραμένα κράνμπερι ψιλοκομμένα
- ½ κουταλάκι του γλυκού δεντρολίβανο προαιρετικά
- 1 αυγό, χτυπημένο
- ½ κουταλάκι του γλυκού θαλασσινό αλάτι

ΟΔΗΓΙΕΣ:

a) Σε αλευρωμένη επιφάνεια, ξεδιπλώνουμε τη σφολιάτα που έχει ξεπαγώσει και τυλίγουμε σε μεγαλύτερο τετράγωνο, κυρίως για να γίνει πιο λεπτό το φύλλο της ζύμης.

b) Σε ένα μεγάλο ξύλο κοπής ετοιμάζουμε τις γεμίσεις. Κόβουμε το αχλάδι στη μέση και αφαιρούμε τον πυρήνα. Κόψτε το αχλάδι σε λεπτές φέτες και μετά κόψτε τις φέτες σε λωρίδες και μετά σε κύβους.

c) Χρησιμοποιώντας έναν τρίφτη, κόψτε το τυρί ή μπορείτε να χρησιμοποιήσετε προτριμμένο τυρί.

d) Σε ένα μικρό μπολ χτυπάμε το αυγό. Γεμίστε τη ζύμη με όλη τη γέμιση Αφήνετε τη μια μακριά πλευρά της ζύμης χωρίς τη γέμιση και αλείφετε με το χτυπημένο αυγό.

e) Ξεκινήστε να τυλίγετε τη ζύμη πάνω από τα υλικά σε σφιχτό ρολό. Κλείνουμε την άκρη με το χτυπημένο αυγό.

f) Ζεσταίνουμε το φούρνο στους 400° F όσο κρυώνει η ζύμη.

g) Τυλίξτε τα κούτσουρα σε πλαστικό και βάλτε τα στο ψυγείο για μια ώρα. Ή σε αυτό το σημείο, μπορείτε να παγώσετε αυτά τα ρολά για αρκετούς μήνες.

h) Αφού κρυώσει η ζύμη την κόβουμε σε φέτες. Έκοψα τις δικές μου σε φέτες ½". Τοποθετούμε σε ταψί στρωμένο με ταψί σιλικόνης. Αλείφουμε με πινέλο από πάνω το αυγό και πασπαλίζουμε με αλάτι.

i) Ψήνετε τα αρτοσκευάσματα για 17-20 λεπτά μέχρι να ροδίσουν ελαφρά.

j) Αυτά τα αρτοσκευάσματα σερβίρονται καλύτερα όσο είναι ζεστά.

k) Αποθηκεύστε τυχόν υπολείμματα αρτοσκευασμάτων σε αεροστεγές δοχείο.

7. Τροχοί μήλου κανέλας

Κατασκευάζει: 14 ρόδες

ΣΥΣΤΑΤΙΚΑ:
- 1 φύλλο σφολιάτας βουτύρου
- 1 κουταλάκι του γλυκού αλεσμένη κανέλα
- 2 κουταλιές της σούπας ζάχαρη
- 1 μήλο μαγειρικής

ΟΔΗΓΙΕΣ:
a) Προθερμάνετε το φούρνο στους 200 βαθμούς C (390 F).
b) Βγάζουμε τη ζύμη από την κατάψυξη και την ξεπαγώνουμε.
c) Στρώνουμε ένα ταψί με χαρτί ψησίματος.
d) Ανακατέψτε τη ζάχαρη και την κανέλα σας σε ένα μικρό μπολ.
e) Καθαρίζουμε και ξεφλουδίζουμε το μήλο. Κόβουμε σε μικρά κυβάκια, περίπου ½ cm (⅕ ίντσα).
f) Τοποθετείτε τη ζύμη σας στο ταψί και από πάνω ρίχνετε τη ζάχαρη κανέλας και το μήλο ψιλοκομμένο σε κύβους.
g) Ξεκινήστε σιγά σιγά να τυλίγετε τη ζύμη από το άκρο που βρίσκεται πιο κοντά σας. Συνεχίστε να κυλάτε προς τα εμπρός, αρκετά σταθερά, μέχρι να φτάσετε στο τέλος του ρολού.
h) Σκεπάζετε με μεμβράνη και κρυώνετε το ρολό ζύμης για περίπου 30 λεπτά για να το κόψετε πιο εύκολα.
i) Κόψτε τις άκρες με ένα οδοντωτό μαχαίρι και πετάξτε.
j) Κόψτε τον τροχό καρφίτσας πάχους περίπου 1 cm (½ ίντσας).
k) Τοποθετήστε τους τροχούς σας στο έτοιμο ταψί. Για να μην ξετυλιχτούν, πιέστε απαλά με τα δάχτυλά σας την εξωτερική άκρη της ζύμης στο ρολό.
l) Ψήνουμε για 12-15 λεπτά, ή μέχρι να ροδίσουν.
m) Σερβίρετε ζεστό ή αφήστε το να κρυώσει εντελώς πριν το αποθηκεύσετε σε σφραγισμένο δοχείο.

8. Τυρένιο πέστο και ρόδες ελιάς

Κάνει: 100

ΣΥΣΤΑΤΙΚΑ:
- 12 ουγγιές τυρί κρέμα? μαλάκωσε
- 1 φλιτζάνι τριμμένη παρμεζάνα
- 2 Πράσινα κρεμμυδάκια με κορυφές. κιμάς
- ⅓ φλιτζάνι Η αγαπημένη σας σάλτσα πέστο
- 1 πακέτο κατεψυγμένα φύλλα σφολιάτας. αποψύχεται μέχρι να κρυώσει
- Αρκετά για ρολό αλλά ακόμα παγωμένο
- 1½ φλιτζάνι ώριμες ελιές ολόκληρες χωρίς κουκούτσι. σφηνωμένο ή χοντροκομμένο

ΟΔΗΓΙΕΣ:
a) Χτυπάμε μαζί το τυρί κρέμα, την παρμεζάνα, τα φρέσκα κρεμμυδάκια και το πέστο μέχρι να αναμειχθούν καλά. Σε ελαφρώς αλευρωμένη επιφάνεια κυλήστε τη μισή σφολιάτα (1 φύλλο) σε ορθογώνιο 10x6 ίντσες.

b) Απλώνουμε το μισό μείγμα τυριού πάνω από τη ζύμη, σκεπάζοντας εντελώς.

c) Σκορπίζουμε τις μισές ελιές πάνω από τη γέμιση.

d) Τυλίξτε κατά μήκος σαν ρολό ζελέ, ξεκινώντας από τη μακριά πλευρά για να κάνετε ένα κούτσουρο.

e) Επαναλαμβάνουμε με την υπόλοιπη ζύμη, τη γέμιση και τις ελιές. Παγώστε τους κορμούς μέχρι να στερεοποιηθούν.

f) Προθερμαίνουμε το φούρνο στους 375 βαθμούς. Αφαιρέστε τα κούτσουρα από την κατάψυξη 10-15 λεπτά. πριν το ψήσιμο.

g) Κόψτε σε γύρους πάχους ¼ ίντσας.

h) Τοποθετήστε 1½ in. σε αντικολλητικά φύλλα ψησίματος.

i) Ψήνουμε 10-12 λεπτά. ή μέχρι να ροδίσουν ελαφρά.

9. Τροχοί παρμεζάνας και πέστο

Κατασκευάζει: 35 ρόδες

ΣΥΣΤΑΤΙΚΑ:
- 1 φύλλο κατεψυγμένη σφολιάτα
- ⅓ φλιτζάνι σάλτσα πέστο. αγορασμένο από το κατάστημα ή σπιτικό
- ½ φλιτζάνι τριμμένη παρμεζάνα
- 1 αυγό? χτυπημένος με
- 1 κουταλάκι του γλυκού Νερό

ΟΔΗΓΙΕΣ:
a) Ξεπαγώστε τη σφολιάτα για 20 λεπτά. Ξεδιπλώνουμε και τυλίγουμε σε ελαφρά αλευρωμένη επιφάνεια σε παραλληλόγραμμο 14 x 11. Αλείφουμε ομοιόμορφα με σάλτσα πέστο και πασπαλίζουμε με τυρί παρμεζάνα.

b) Ξεκινώντας από τη μακριά άκρη, τυλίξτε τη ζύμη σαν ρολό ζελέ.

c) Κόβουμε το ρολό ζύμης σταυρωτά σε φέτες πάχους ⅜ ίντσας. Τοποθετούμε σε ελαφρώς λαδωμένο ταψί και αλείφουμε με το μείγμα των αυγών.

d) Ψήνουμε στους 400 βαθμούς για 8 με 10 λεπτά ή μέχρι να ροδίσουν. Μεταφέρετε στη σχάρα και σερβίρετε όσο είναι ζεστό.

10. Αλμυρές ρόδες φέτα-σπανάκι

Κάνει: 10 μερίδες

ΣΥΣΤΑΤΙΚΑ:

- 5 φλιτζάνια αλεύρι για όλες τις χρήσεις
- 1 ½ κουταλάκι του γλυκού Αλάτι
- 2 κουταλιές της σούπας Μπέικιν πάουντερ
- ½ φλιτζάνι τριμμένη παρμεζάνα
- ½ κουταλάκι του γλυκού μαύρο πιπέρι
- 1 ½ κουταλάκι του γλυκού αποξηραμένος βασιλικός
- 8 ουγγιές κρύο βούτυρο? κομμένο σε μικρό κομμάτι
- 1¾ φλιτζάνι βαριά κρέμα
- 2 αυγα; χτυπημένος
- ½ κιλά Τυρί φέτα θρυμματισμένη? στραγγισμένο
- 1 ½ φλιτζάνι τυρί Ricotta
- ½ κουταλάκι του γλυκού αποξηραμένος άνηθος
- ½ κουταλάκι του γλυκού μαύρο πιπέρι
- 24 ουγγιές Κατεψυγμένο σπανάκι ψιλοκομμένο. ξεπαγώσει και στύψει
- 2 αυγα; χτυπημένος

ΟΔΗΓΙΕΣ:

a) Προθερμαίνουμε τον φούρνο στους 375 βαθμούς. Στον επεξεργαστή τροφίμων, ανακατεύουμε το αλεύρι, το αλάτι, το μπέικιν πάουντερ, την παρμεζάνα, το πιπέρι και τον βασιλικό.

b) Προσθέστε το βούτυρο και τον επεξεργαστή όσπριων μέχρι το μείγμα να μοιάζει με την υφή του καλαμποκάλευρου.

c) Προσθέστε την κρέμα γάλακτος και 2 αυγά και ανακατέψτε να ομογενοποιηθούν. Αφαιρέστε τη ζύμη και κυλήστε σε ελαφρώς αλευρωμένη επιφάνεια μέχρι να πάχος περίπου ½ ίντσας.

d) Για να φτιάξετε τη γέμιση, ανακατέψτε τη φέτα, τη ρικότα, τον άνηθο, το πιπέρι και το σπανάκι στο μίξερ ή στον επεξεργαστή τροφίμων. Απλώνουμε τη γέμιση ομοιόμορφα πάνω από το ορθογώνιο της ζύμης.

e) Ξεκινώντας από τη μακριά άκρη, κυλήστε τη ζύμη πάνω από τη γέμιση. Κόψτε τη ζύμη σε πλάκες μήκους 2 ιντσών και τοποθετήστε τους τροχούς καρφίτσας σε ελαφρώς λαδωμένο ταψί.

f) Χτυπάμε δύο αυγά και τρίβουμε ελαφρά με τον τροχό. Ψήνουμε για 25-35 λεπτά, μέχρι να ροδίσουν ελαφρά. Φτιάχνει 10 ρόδες.

11. <u>Τροχοί τυρί κρέμα Pimento</u>

Φτιάχνει: 1 μερίδα

ΣΥΣΤΑΤΙΚΑ:
- 8 ουγγιές τυρί κρέμα (κανονικό, lite ή χωρίς λιπαρά)
- 5 στρογγυλές τορτίγιες 8 ιντσών από αλεύρι
- 1 Πράσινο κρεμμύδι, ψιλοκομμένο
- 1 ½ κουταλιά της σούπας Πράσινο τσίλι, ψιλοκομμένο
- 1 κουταλιά της σούπας Pimento (γεμάτο), ψιλοκομμένο
- 4 ουγγιές μαύρες ελιές ψιλοκομμένες, στραγγίστε

ΟΔΗΓΙΕΣ:
a) Μαλακώστε το τυρί κρέμα σε ένα μπολ για 15 λεπτά και στη συνέχεια απλώστε τις στις τορτίγιες.

b) Τοποθετήστε τα υπόλοιπα υλικά πάνω από το τυρί κρέμα.

c) Τυλίξτε σφιχτά και τυλίξτε σε πλαστική μεμβράνη.

d) Τοποθετούμε στο ψυγείο μέχρι να το σερβίρουμε. Κόψτε σε φέτες ¾ ιντσών.

12. Cheesy Pizza Pinwheels

Κατασκευάζει: 12 ρόδες

ΣΥΣΤΑΤΙΚΑ:
ΖΥΜΗ
- 1 13 ουγκιές. pkg. ζύμη πίτσας στο ψυγείο

ΕΥΚΟΛΗ ΣΑΛΤΣΑ ΠΙΤΣΑΣ
- 2 φλιτζάνια σάλτσα μαρινάρα
- 1/2 κουταλάκι του γλυκού κρεμμύδι σε σκόνη, ξερό βασιλικό, αποξηραμένο μαϊντανό
- 1/4 κουταλάκι του γλυκού αποξηραμένη ρίγανη σκόνη σκόρδου, αλάτι, πιπέρι, τριμμένη κόκκινη πιπεριά

ΤΟΠΙΝΓΚ
- 1 φλιτζάνι φρεσκοτριμμένο τυρί μοτσαρέλα
- 1/3 φλιτζάνι φρεσκοτριμμένη παρμεζάνα
- 32 πεπερόνη
- 1/2 φλιτζάνι πράσινες πιπεριές ψιλοκομμένες

ΟΔΗΓΙΕΣ:
a) Προθερμάνετε το φούρνο στους 375 βαθμούς Φ. Στρώστε ένα ταψί με λαδόκολλα. Αφήνω στην άκρη.

b) Ανοίξτε ένα μακρύ κομμάτι λαδόκολλα και αλευρώστε το ελαφρά.

c) Τυλίξτε τη ζύμη σε ένα ορθογώνιο 12×16 ιντσών σε αλευρωμένη περγαμηνή.

d) Χτυπάμε όλα τα ΥΛΙΚΑ της Σάλτσας Πίτσας:. Απλώστε ομοιόμορφα ¾ φλιτζάνι σάλτσα πίτσας πάνω από τη ζύμη, αφήνοντας ένα περίγραμμα 1" στην επάνω μακριά άκρη,

e) Φούρνομε πεπερόνι μικροκυμάτων σε πιάτο στρωμένο με χαρτί κουζίνας για 20 δευτερόλεπτα και στη συνέχεια σκουπίζουμε το περιττό λίπος. Ομοιόμορφη επάνω σάλτσα με μοτσαρέλα, πεπερόνι, πράσινες πιπεριές και παρμεζάνα.

f) Ξεκινώντας από τη μακριά πλευρά που βρίσκεται πιο κοντά σας, τυλίγετε σφιχτά τη ζύμη, τσιμπώντας τυχόν ΥΛΙΚΑ: και σφραγίστε τη ραφή.

g) Χρησιμοποιώντας ένα οδοντωτό μαχαίρι, κόψτε τις άκρες του ρολού και στη συνέχεια κόψτε το ρολό σε 12 ίσα κομμάτια.

h) Κόψτε αυτά τα κομμάτια σε 3 ρόδες.

i) Τοποθετήστε τον τροχό, με την κομμένη πλευρά προς τα πάνω, στο έτοιμο ταψί.

j) Ψήστε στους 375 βαθμούς Φ για 25-30 λεπτά ή μέχρι να ροδίσει η ζύμη.

k) Βγάζετε από το φούρνο και αφήνετε να κρυώσει για 5 λεπτά πριν αφαιρέσετε τους τροχούς από το ταψί σε μια σχάρα.

l) Γαρνίρουμε με φρέσκο μαϊντανό και σερβίρουμε με την υπόλοιπη ζεστή σάλτσα πίτσας αν θέλουμε.

13. Ροδάκια σφολιάτας με μανιτάρια Cheesy

Κάνει: 15

ΣΥΣΤΑΤΙΚΑ:
- 1 φύλλο σφολιάτας, ξεπαγωμένο
- 1 κουταλιά της σούπας ελαιόλαδο ή vegan βούτυρο
- 1 μικρό ασκαλώνιο κομμένο σε κύβους
- 1 σκελίδα σκόρδο ψιλοκομμένη
- 1/2 κουταλάκι φρέσκο θυμάρι
- 1/2 κουταλάκι του γλυκού μαύρο πιπέρι ή για γεύση
- 8 ουγγιές ανάμεικτα μανιτάρια ψιλοκομμένα
- 1/2 κουταλιά της σούπας ταμάρι χαμηλής περιεκτικότητας σε νάτριο
- 1 κουταλιά της σούπας αλεύρι για το πασπάλισμα
- 1/2 φλιτζάνι vegan τυρί μοτσαρέλα
- 1/4 φλιτζάνι vegan τυρί παρμεζάνα, τριμμένη

ΟΔΗΓΙΕΣ:
a) Ξεπαγώστε τη σφολιάτα σύμφωνα με τις οδηγίες της συσκευασίας.
b) Προθερμάνετε το φούρνο στους 425 F. Στρώνουμε ένα ταψί με λαδόκολλα και το αφήνουμε στην άκρη.
c) Λιώνουμε το βούτυρο σε ένα τηγάνι σε μέτρια προς δυνατή φωτιά. Προσθέστε το κρεμμύδι και σοτάρετε για 3 με 5 λεπτά, μέχρι να μυρίσει. Προσθέστε τα μανιτάρια, το θυμάρι και το μαύρο πιπέρι και ανακατέψτε καλά. Σοτάρουμε για 5-7 λεπτά, ανακατεύοντας κατά διαστήματα. Προσθέστε το σκόρδο και το ταμάρι και στη συνέχεια σοτάρετε για 1 με 2 λεπτά επιπλέον. Αποσύρουμε από τη φωτιά και αφήνουμε στην άκρη.
d) Πασπαλίστε ελαφρά ένα ξύλο κοπής ή καθαρίστε την επιφάνεια εργασίας με αλεύρι και στη συνέχεια τοποθετήστε τη σφολιάτα από πάνω. Χρησιμοποιήστε έναν πλάστη για να απλώσετε τη σφολιάτα να είναι περίπου 12" επί 15-16".
e) Πασπαλίστε την vegan μοτσαρέλα και την παρμεζάνα πάνω από την επιφάνεια της ζύμης, αφήνοντας ένα περίγραμμα 1" σε μια μακριά άκρη της ζύμης.

f) Χρησιμοποιήστε μια σπάτουλα για να απλώσετε τα ψημένα μανιτάρια πάνω από το τυρί, διατηρώντας το ίδιο περίγραμμα.

g) Χρησιμοποιήστε ένα πινέλο ή τα δάχτυλά σας για να βουρτσίσετε ελαφρά την καθαρή άκρη της ζύμης με νερό. Χρησιμοποιήστε δύο χέρια για να τυλίγετε τη σφολιάτα προς τα πάνω προς την άκρη, ασκώντας επιπλέον πίεση μόλις φτάσετε στο τέλος για να σφραγίσετε τη ζύμη.

h) Βάλτε πρώτα τη ζύμη σε ρολό στο ψυγείο για 20-30 λεπτά, ώστε να είναι πιο σφιχτή όταν χρησιμοποιείτε μαχαίρι.

i) Περάστε ένα μακρύ κομμάτι νήμα κάτω από το ρολό σφολιάτας και, στη συνέχεια, σταυρώστε τα δύο κλώνα από την κορυφή για να σχηματίσετε ένα κομμάτι 1". Συνεχίστε να τραβάτε τα σταυρωτά σκέλη μέχρι να κόψουν εντελώς το ρολό και μετά μεταφέρετε στο ταψί.

j) Ψήνουμε στην επάνω σχάρα του φούρνου για 18 με 22 λεπτά, μέχρι να ροδίσει η ζύμη.

k) Βγάζουμε από το φούρνο και σερβίρουμε ζεστό ή κρύο.

14. Μπισκότα με ροδάκι με παξιμάδια χουρμαδιού

Φτιάχνει: 1 μερίδα

ΣΥΣΤΑΤΙΚΑ:
- ½ φλιτζάνι Βούτυρο
- ½ φλιτζάνι Ζάχαρη
- ½ φλιτζάνι καστανή ζάχαρη
- 1 Αυγό
- 2 κουταλάκια του γλυκού Βανίλια
- 1¾ φλιτζάνι Αλεύρι
- ½ κουταλάκι του γλυκού Αλάτι
- ½ κουταλάκι του γλυκού μαγειρική σόδα
- 8 ουγγιές Χουρμάδες
- ⅓ φλιτζάνι Ζάχαρη
- ⅓ φλιτζάνι Νερό
- ¼ φλιτζάνι Καρύδια, ψιλοκομμένα εξαιρετικά
- ½ κουταλάκι του γλυκού Βανίλια

ΟΔΗΓΙΕΣ:
ΓΙΑ ΖΥΜΗ:
a) Κρέμα μαζί 5 πρώτα ΥΛΙΚΑ:. Προσθέστε ξηρά υλικά. Πλάθετε τη ζύμη σε μπάλα. σκεπάζουμε και βάζουμε στο ψυγείο για αρκετές ώρες. Χωρίζουμε την παγωμένη ζύμη σε 2 μπάλες. Τυλίξτε τη μπάλα σε ένα ορθογώνιο - η ζύμη πρέπει να είναι αρκετά λεπτή.
ΓΙΑ ΓΕΜΙΣΗ:
b) Κόψτε τις ημερομηνίες? τοποθετήστε σε κατσαρόλα. Προσθέστε τα υπόλοιπα υλικά και μαγειρέψτε σε χαμηλή φωτιά, ανακατεύοντας μέχρι να σχηματιστεί μια πάστα - περίπου 15 λεπτά.

c) Δροσίστε εντελώς.
d) Απλώστε τη γέμιση στη ζύμη. τυλίγουμε ζύμη και γέμιση σε στυλ ρολό ζελέ.
e) Κόψτε ½" σε πάχος, ψήστε στους 350 για 10 έως 12 λεπτά ή μέχρι να ροδίσουν.

15. Τροχοί καρυδιάς μαϊντανού

Φτιάχνει: 1 μερίδα

ΣΥΣΤΑΤΙΚΑ:
- 2 φλιτζάνια αλεύρι για όλες τις χρήσεις
- 1 κουταλάκι του γλυκού Αλάτι
- 1 κιλό Εξαιρετικά αιχμηρό τσένταρ. τριμμένο (περίπου 3 3/4 φλ.)
- 1 Κολλήστε ανάλατο βούτυρο. κομμένο σε κομμάτια (1/2 φλιτζάνι)
- 5 κουταλιές της σούπας παγωμένο νερό? έως 6
- 1 σκελίδα σκόρδο
- 2 φλιτζάνια φύλλα φρέσκου μαϊντανού χαλαρά συσκευασμένα
- ½ φλιτζάνι κομμάτια καρυδιού

ΟΔΗΓΙΕΣ:
a) Σε έναν επεξεργαστή τροφίμων ανακατεύουμε το αλεύρι, το αλάτι, το τσένταρ και το βούτυρο μέχρι το μείγμα να μοιάζει με γεύμα.

b) Με το μοτέρ σε λειτουργία προσθέστε 5 κουταλιές της σούπας νερό και ανακατέψτε το μείγμα, προσθέτοντας κι άλλο νερό αν χρειάζεται, μέχρι να γίνει μια ζύμη.

c) Μεταφέρετε τη ζύμη σε ένα φύλλο κεριού και το κόβετε στη μέση. Με το μοτέρ σε λειτουργία ρίξτε το σκόρδο στον επεξεργαστή τροφίμων και ψιλοκόψτε το.

d) Σβήνουμε το μοτέρ, προσθέτουμε τον μαϊντανό και τα καρύδια και τα ανακατεύουμε μέχρι να χοντροκοπηθούν.

e) Προσθέστε τη μισή ζύμη, κρατώντας την άλλη μισή, παγωμένη, και ανακατέψτε το μείγμα, ξύνοντας τις πλευρές, μέχρι το μείγμα μαϊντανού να κατανεμηθεί ομοιόμορφα σε όλη τη ζύμη.

f) Περάστε τη μισή ζύμη μαϊντανού σε ένα ορθογώνιο 7 επί 5 ιντσών σε ένα φύλλο χαρτιού κεριού, κρατώντας το άλλο μισό, βάλτε το με ένα άλλο φύλλο χαρτιού κεριού και τυλίξτε το σε ένα ορθογώνιο 12 επί 7 ίντσες.

g) Μεταφέρετε τη ζύμη στο χαρτί κεριού σε ένα ταψί και ψύξτε τη για 10 λεπτά ή μέχρι να γίνει σφιχτή αλλά εύκαμπτη. Επαναλάβετε τη διαδικασία ρολού και ψύξης με τη μισή από την κρατημένη ζύμη απλού τυριού.

h) Πετάξτε το πάνω φύλλο κεριού από την απλή ζύμη τυριού και απλώστε τη ζύμη μαϊντανού, ξετυλιγμένη, από πάνω, πιέζοντας ελαφρά τις 2 στρώσεις μεταξύ τους με τον πλάστη.

i) Χρησιμοποιώντας το κάτω φύλλο χαρτιού κεριού ως οδηγό και ξεκινώντας με μια μακριά πλευρά, τυλίξτε τη ζύμη σφιχτά μεταξύ τους με ρολό ζελέ και κρυώστε το ρολό, τυλιγμένο καλά, για τουλάχιστον 1 ώρα ή όλη τη νύχτα. Επαναλάβετε όλη τη διαδικασία με τις υπόλοιπες ζύμες μαϊντανού και απλών τυριών.

j) Τα ρολά ζύμης μπορούν να γίνουν 1 εβδομάδα νωρίτερα και να διατηρηθούν καλυμμένα σφιχτά και παγωμένα.

k) Ξετυλίξτε τα ρολά και κόψτε τα σταυρωτά σε φέτες πάχους ¼ ίντσας. Ψήστε τους τροχούς καρφίτσας σε παρτίδες σε λαδωμένα φύλλα ψησίματος στη μέση ενός προθερμασμένου 400F. φούρνο για 12 με 14 λεπτά ή μέχρι να ροδίσουν, μεταφέροντάς τα όπως ψήνονται σε σχάρα και αφήστε τα να κρυώσουν.

16. Τροχοί από πατάτα φυστικιού

Φτιάχνει: 1 μερίδα

ΣΥΣΤΑΤΙΚΑ:

- ⅓ φλιτζάνι Κρύο; πουρέ χωρίς καρυκεύματα
- ¼ φλιτζάνι Βούτυρο
- 1 κουταλάκι του γλυκού Βανίλια
- 5 φλιτζάνια χωρίς κοσκινισμένο? 10x ζάχαρη ζαχαροπλαστικής
- 1 φλιτζάνι φυστικοβούτυρο

ΟΔΗΓΙΕΣ:

a) Ανακατέψτε τις πατάτες, το βούτυρο και τη βανίλια σε ένα μεγάλο μπολ ή στον επεξεργαστή τροφίμων μέχρι να ομογενοποιηθούν.

b) Προσθέστε 10x ζάχαρη 1 φλιτζάνι τη φορά και ανακατέψτε μέχρι να σφίξει αρκετά ώστε να διαμορφωθεί.

c) Ανοίξτε την καραμέλα ανάμεσα σε 2 φύλλα χαρτιού κεριού σε ένα ορθογώνιο. Αλείφουμε με φυστικοβούτυρο.

d) Τυλίγουμε σε ρολό από ένα μακρύ πλάγιο ρολό ζελέ. Κόψτε το ρολό στη μέση για να σχηματίσετε 2 ρολά μήκους 9".

e) Τυλίξτε σε πλαστική μεμβράνη. Ψύξη 2-3 ώρες.

f) Κόψτε σε κομμάτια.

17. <u>Τροχοί καρύδας σοκολάτας</u>

Κάνει: 48 Μερίδες

ΣΥΣΤΑΤΙΚΑ:

- 1 Κολλήστε βούτυρο, μαλακωμένο
- 1 φλιτζάνι Ζάχαρη
- 1 Αυγό
- 1 κουταλάκι του γλυκού εκχύλισμα βανίλιας
- 2 φλιτζάνια αλεύρι για κέικ
- ½ κουταλάκι του γλυκού μαγειρική σόδα
- ½ κουταλάκι του γλυκού Αλάτι
- 2 ουγγιές τετράγωνα σοκολάτας ψησίματος χωρίς ζάχαρη, λιωμένη
- ¾ φλιτζάνι νιφάδες καρύδας

ΟΔΗΓΙΕΣ:

a) Σε ένα μεσαίο μπολ χτυπάμε το βούτυρο και τη ζάχαρη με ένα ηλεκτρικό μίξερ σε μέτρια ταχύτητα μέχρι να αφρατέψουν.

b) Χτυπάμε το αυγό και τη βανίλια. Προσθέστε το αλεύρι για κέικ ανακατεμένο με τη σόδα και το αλάτι και χτυπήστε μέχρι να ομογενοποιηθούν καλά.

c) Μοιράζουμε τη ζύμη στη μέση ανάμεσα σε 2 μπολ.

d) Ανακατέψτε τη λιωμένη σοκολάτα στη ζύμη σε ένα μπολ και ανακατέψτε την καρύδα στη ζύμη στο άλλο μπολ.

e) Σκεπάζουμε το μπολ με πλαστική μεμβράνη και το βάζουμε στο ψυγείο για τουλάχιστον 1 ώρα ή μέχρι να σφίξει.

f) Συγκεντρώστε τη ζύμη σοκολάτας σε μια μπάλα, τοποθετήστε την ανάμεσα σε κομμάτια χαρτιού κεριού και ανοίξτε την σε ένα ορθογώνιο 8 x 12 ιντσών. Επαναλάβετε με τη ζύμη καρύδας.

g) Τοποθετήστε το ένα ορθογώνιο πάνω στο άλλο και τυλίξτε το από μια μακριά πλευρά σε ένα ρολό 12 ιντσών.

h) Τυλίξτε σε χαρτί κεριού και βάλτε το στο ψυγείο για περίπου 30 λεπτά ή μέχρι να σφίξει.

i) Προθερμαίνουμε τον φούρνο στους 350 βαθμούς. Χρησιμοποιώντας ένα κοφτερό μαχαίρι, κόψτε τη ζύμη σε φέτες ¼ ιντσών. Τοποθετήστε περίπου 3 ίντσες μεταξύ τους σε λαμαρίνες ψησίματος χωρίς λαδόκολλα.

j) Ψήνουμε για 8 με 10 λεπτά, μέχρι να ροδίσουν ελαφρά.

k) Αφήνουμε τα μπισκότα να κρυώσουν για 2 λεπτά.

18. **Πικάντικες ρόδες πεκάν**

Κάνει: 8 μερίδες

ΣΥΣΤΑΤΙΚΑ:
- 1 συσκευασία (8 Oz) Κρέμα Τυρί
- ⅓ φλιτζάνι κρέμα γάλακτος
- ½ φλιτζάνι πεκάν -- ψιλοκομμένα
- 2 κουταλιές της σούπας σάλτσα Picante, εμφιαλωμένη
- 1 κουταλάκι του γλυκού πιπέρι Jalapeno
- 1 μικρή σκελίδα σκόρδο, λιωμένη
- Τορτίγιες 4 (8 ίντσες) από αλεύρι

ΟΔΗΓΙΕΣ:
a) Σε ένα μεσαίο μπολ, χρησιμοποιώντας ένα ηλεκτρικό μίξερ χειρός στο med. ταχύτητα, χτυπήστε το τυρί κρέμα και την κρέμα γάλακτος μέχρι να ομογενοποιηθούν και ανακατέψτε. Χτυπάμε τα πεκάν, τη σάλτσα πικάντε, την πιπεριά τσίλι και το σκόρδο. 2. Απλώστε περίπου 6 κουταλιές της σούπας από το μείγμα σε μια τορτίγια και τυλίξτε την σφιχτά σε ρολό.

b) Τυλίξτε σε πλαστική μεμβράνη. Συνεχίστε τη διαδικασία με τα επαναλαμβανόμενα ΥΛΙΚΑ:. Βάζετε τα ρολά στο ψυγείο για τουλάχιστον 4 ώρες ή όλη τη νύχτα.

c) Όταν είναι έτοιμο να σερβίρετε, αφαιρέστε την πλαστική μεμβράνη από τα ρολά. Κόβουμε σε φέτες πάχους ½ ίντσας και σερβίρουμε αμέσως.

19. Τροχοί κολοκύθας και ξηρών καρπών

Κάνει: 96 μερίδες

ΣΥΣΤΑΤΙΚΑ:

- 1¾ φλιτζάνι Κολοκύθα, κονσέρβα ή φρέσκια
- 1 φλιτζάνι κρυσταλλική ζάχαρη
- 4 φλιτζάνια αλεύρι για όλες τις χρήσεις
- ½ κουταλάκι του γλυκού μαγειρική σόδα
- ½ κουταλάκι του γλυκού Αλάτι
- ½ κουταλάκι του γλυκού κανέλα
- 2 φλιτζάνια ζάχαρη άχνη? κοσκινισμένος
- 1 κουταλιά της σούπας βούτυρο ή μαργαρίνη λιωμένο
- 1 κουταλιά της σούπας μπαχαρικό κολοκυθόπιτας
- 1 φλιτζάνι Ξηροί καρποί? ψιλοκομμένο
- 1 φλιτζάνι Σόρτενινγκ
- 2 φλιτζάνια κρυσταλλική ζάχαρη
- 3 Αυγά
- 1 κουταλάκι του γλυκού εκχύλισμα βανίλιας
- 2 κουταλιές της σούπας γάλα (2 έως 3 Τ)

ΟΔΗΓΙΕΣ:
ΓΙΑ ΓΕΜΙΣΗ:
a) Σε μέτρια κατσαρόλα, συνδυάστε την κολοκύθα, τη ζάχαρη και το μπαχαρικό της κολοκυθόπιτας. αφήνουμε να πάρει μια βράση.
b) Μειώστε τη θερμότητα. σιγοβράζουμε 10 λεπτά. Ανακατεύουμε με ξηρούς καρπούς. Δροσερός; αφήνω στην άκρη.

ΓΙΑ ΖΥΜΗ:
c) Σε ένα μεσαίο μπολ, συνδυάστε το αλεύρι, τη σόδα, το αλάτι και την κανέλα. αφήνω στην άκρη.
d) Σε μεγάλο μπολ του μίξερ, η κρέμα γάλακτος και η ζάχαρη.
e) Προσθέστε αυγά? χτυπάμε μέχρι να αφρατέψουν. Προσθέστε ξηρά συστατικά. Ανακατέψτε καλά.

ΓΙΑ ΣΥΝΑΡΜΟΛΟΓΗΣΗ:
f) Χωρίζουμε τη ζύμη σε 3 μερίδες. Σε αλευρωμένο αλουμινόχαρτο, ανοίξτε 1 μερίδα ζύμης σε ορθογώνιο 8 x 12 ιντσών (διατηρώντας την υπόλοιπη ζύμη παγωμένη). Αλείφουμε με ⅓ γέμιση.

g) Ξεκινώντας από το φαρδύ άκρο τυλίγουμε όπως για ζελέ ρολό. Τυλίξτε σε αλουμινόχαρτο. Επαναλάβετε τη διαδικασία με την υπόλοιπη ζύμη και τη γέμιση.

h) Καταψύξτε τα ρολά αρκετές ώρες ή όλη τη νύχτα. Βγάζετε ένα ρολό από την κατάψυξη. ξετυλίγουμε και κόβουμε με κοφτερό μαχαίρι σε φέτες ⅜ ιντσών. Τοποθετούμε σε λαδόκολλα.

i) Ψήνουμε σε προθερμασμένο φούρνο στους 400 βαθμούς για 10 με 12 λεπτά ή μέχρι να ροδίσουν. Ψύξτε σε σχάρα.

j) περιχύστε με γλάσο.

ΓΙΑ ΠΛΑΣΟ:

k) Σε ένα μεσαίο μπολ, συνδυάστε τη ζάχαρη άχνη, το βούτυρο, τη βανίλια και το γάλα. ανακατεύουμε μέχρι να ομογενοποιηθούν.

20. Τροχοί σοκολάτας μέντας

Κάνει: 10 μερίδες

ΣΥΣΤΑΤΙΚΑ:
- 1 ½ φλιτζάνι Τσιπς μέντας σοκολάτας
- ¾ φλιτζάνι Βούτυρο? Μαλακωμένο
- ⅓ φλιτζάνι Ζάχαρη
- 1 αυγό? Μεγάλο
- 1 κουταλάκι του γλυκού εκχύλισμα βανίλιας
- ½ κουταλάκι του γλυκού Αλάτι

ΟΔΗΓΙΕΣ:

a) Λιώστε, σε ζεστό νερό, ½ φλιτζάνι κομματάκια μέντας-σοκολάτας, ανακατέψτε μέχρι να ομογενοποιηθούν.

b) Ψύξτε σε θερμοκρασία δωματίου, αφήστε στην άκρη. Σε ένα μεγάλο μπολ, ανακατέψτε το βούτυρο και τη ζάχαρη. χτυπάμε μέχρι να γίνει κρέμα.

c) Προσθέστε το εκχύλισμα αυγού και βανίλιας, ανακατέψτε καλά. Σταδιακά χτυπάμε το αλεύρι και το αλάτι.

d) Τοποθετήστε 1 φλιτζάνι ζύμη σε ένα μικρό μπολ. Προσθέστε λιωμένα τσιπ. ανακατέψτε καλά.

e) Πλάθουμε μπάλα, ισιώνουμε.

f) Καλύψτε με πλαστική μεμβράνη. Πλάθουμε την υπόλοιπη ζύμη σε μπάλα. ισοπεδώνω. Καλύψτε με πλαστική μεμβράνη.

g) Ψύξτε μέχρι να σφίξει, περίπου 1 ½ ώρα.

h) Προθερμάνετε το φούρνο στους 375 βαθμούς F.

i) Ανάμεσα σε φύλλα κερωμένου χαρτιού, κυλήστε την μπάλα ζύμης σε ένα ορθογώνιο 13 x 9 ιντσών.

j) Αφαιρέστε τα επάνω στρώματα από κερωμένο χαρτί και αναποδογυρίστε τη σοκολατένια ζύμη πάνω στην απλή ζύμη.

k) Ξεφλουδίστε το κερωμένο χαρτί. Ξεκινώντας από τη μακριά πλευρά, τυλίγουμε σε ρολό τύπου ζελέ ρολό.

l) Κόψτε σε φέτες ¼ ιντσών. τοποθετήστε σε λαδωμένο φύλλο μπισκότων. Ψήστε στους 375 βαθμούς Φ. για 7 έως 8 λεπτά.

m)   Ψύξτε εντελώς σε συρμάτινες σχάρες.

n) Λιώστε σε ζεστό, το νερό που απομένει 1 φλιτζάνι πατατάκια. ανακατεύουμε μέχρι να ομογενοποιηθούν.

o) Αλείφουμε την επίπεδη πλευρά του μπισκότου με ½ ελαφρώς στρογγυλεμένο κουταλάκι του γλυκού λιωμένη σοκολάτα. Ψύξτε μέχρι να πήξει.

21. Ροδάκια βασιλικού λιαστή ντομάτα

Κάνει: 6

ΣΥΣΤΑΤΙΚΑ:
- 1/2 φλιτζάνι λιαστές ντομάτες
- 8 ουγγιές τυρί κρέμα, με χαμηλά λιπαρά
- 1/4 φλιτζάνι σπανάκι
- 2 σκελίδες σκόρδο
- 1/4 ουγκιά τυρί παρμεζάνα
- 1/4 κουταλάκι του γλυκού αλάτι
- 2 μέτριες τορτίγια, ολικής αλέσεως
- 15 φύλλα βασιλικός φρέσκος

ΟΔΗΓΙΕΣ:
a) Κόβουμε τις λιαστές ντομάτες. Προσθέστε σε ένα μπολ με το μαλακωμένο τυρί κρέμα, το ψιλοκομμένο σπανάκι, το ψιλοκομμένο σκόρδο, την τριμμένη παρμεζάνα και το αλάτι. Ανακατεύουμε καλά να ενωθούν.

b) Απλώστε τη γέμιση στις τορτίγιες (μπορείτε να χρησιμοποιήσετε και μια τρίτη αν χρειαστεί).

c) Προσπαθήστε να απλώσετε τη γέμιση μέχρι την άκρη των τορτίγιας.

d) Περιχύνουμε με φρέσκα φύλλα βασιλικού και στη συνέχεια τυλίγουμε σφιχτά.

e) Χρησιμοποιήστε ένα οδοντωτό μαχαίρι για να κόψετε το ρολό σε κομμάτια 1 ίντσας.

f) Κόψτε τη ραφή του ρολού προς τα κάτω για να βοηθήσετε τους τροχούς να παραμείνουν μαζί.

22. Πικάντικες ρόδες από σύκο και καρύδι

Κάνει: 48 Μερίδες

ΣΥΣΤΑΤΙΚΑ:

- 1 φλιτζάνι ψιλοκομμένα σύκα Calimyrna (περίπου 6 ουγγιές)
- ¼ φλιτζάνι συν 2 κουταλιές της σούπας νερό
- ¼ φλιτζάνι κρυσταλλική ζάχαρη
- ¼ φλιτζάνι καρύδια ψιλοκομμένα
- 1 ½ φλιτζάνι αλεύρι για όλες τις χρήσεις
- ½ κουταλάκι του γλυκού μαγειρική σόδα
- ¼ κουταλάκι του γλυκού Αλάτι
- 1 κουταλάκι του γλυκού τριμμένη κανέλα
- ½ κουταλάκι του γλυκού αλεσμένο μοσχοκάρυδο
- ½ φλιτζάνι (1 ξυλάκι) ανάλατο βούτυρο. σε θερμοκρασία δωματίου
- ¾ φλιτζανιού Στερεά συσκευασμένη σκούρα καστανή ζάχαρη
- ¼ φλιτζάνι κρέμα γάλακτος
- ½ κουταλάκι του γλυκού εκχύλισμα λεμονιού

ΟΔΗΓΙΕΣ:

a) Ανακατεύουμε τα σύκα, το νερό και την κρυσταλλική ζάχαρη σε μια μικρή κατσαρόλα.

b) Μαγειρέψτε σε μέτρια φωτιά για περίπου 5 λεπτά, ανακατεύοντας συνεχώς, μέχρι να απορροφηθεί το νερό.

c) Αποσύρουμε από τη φωτιά, ρίχνουμε τα καρύδια και τα αφήνουμε στην άκρη να κρυώσουν. Σε ένα μπολ, χτυπήστε ελαφρά το αλεύρι, τη σόδα, το αλάτι και τα μπαχαρικά.

d) Σε ένα μεγάλο μπολ αναμειγνύετε το βούτυρο και την καστανή ζάχαρη με ένα ηλεκτρικό μίξερ σε μέτρια ταχύτητα μέχρι να ασπρίσουν και να ομογενοποιηθούν. Σε χαμηλή ταχύτητα χτυπάμε μέσα την κρέμα γάλακτος και μετά το εκχύλισμα λεμονιού.

e) Ανακατεύουμε το μείγμα με το αλεύρι με μια ξύλινη κουτάλα. Γυρίστε τη ζύμη σε ένα μικρό ταψί που έχετε στρώσει με χαρτί κεριού. Δώστε σχήμα με μια λαστιχένια σπάτουλα σε ένα ορθογώνιο περίπου 8 επί 6 ίντσες. Σκεπάζουμε με ένα δεύτερο φύλλο κεριού και βάζουμε στο ψυγείο για 30 λεπτά.

f) Ανοίγουμε τη ζύμη στο ταψί σε ένα ορθογώνιο 12 επί 9 ίντσες. Αφαιρέστε το επάνω φύλλο χαρτιού κεριού. Απλώστε ομοιόμορφα τη γέμιση σύκου από πάνω, αφήνοντας ένα περίγραμμα ½ ίντσας κατά μήκος των μακριών πλευρών. Διπλώστε πάνω από το περίγραμμα κατά μήκος μιας από τις μακριές άκρες και τυλίξτε τη ζύμη σφιχτά σαν ρολό ζελέ.

g) Πιάστε το απέναντι περίγραμμα κλειστό για να σφραγίσει. Τυλίγουμε με χαρτί κεριού και βάζουμε στο ψυγείο για τουλάχιστον 3 ώρες.

h) Προθερμάνετε το φούρνο στους 375 F.

i) Κόβουμε το ρολό σε φέτες ¼ ιντσών και το τοποθετούμε σε λαδωμένα φύλλα μπισκότων.

j) Ψήνουμε για περίπου 12 λεπτά, μέχρι να πάρουν ελαφρύ χρώμα και να σφίξουν στην αφή.

k) Ψύξτε τα μπισκότα για 1 λεπτό πάνω στα φύλλα και μετά τα μεταφέρετε σε συρμάτινες σχάρες για να ολοκληρωθεί η ψύξη.

23. Τροχοί με φασόλια-τορτίγια

Κάνει: 48 Μερίδες

ΣΥΣΤΑΤΙΚΑ:
- 8 τορτίγιες καλαμποκιού? Διάμετρος 6 ίντσες
- 1 φλιτζάνι ντιπ χωρίς λιπαρά μαύρα φασόλια ή ροζ φασόλια

ΟΔΗΓΙΕΣ:
a) Για να μαλακώσετε τις τορτίγιες, στοιβάζετε 4 τορτίγιες και τις τυλίγετε σε νωπό χαρτί κουζίνας.

b) Φούρνο μικροκυμάτων σε υψηλή (ισχύ 100%) για 20 δευτερόλεπτα.

c) Απλώστε 2 κουταλιές της σούπας ντιπ φασολιών σε τορτίγια. τυλίξτε σφιχτά.

d) Τοποθετήστε ομοιόμορφα τις οδοντογλυφίδες μέσα σε ρολά, χρησιμοποιώντας 6 οδοντογλυφίδες ανά τορτίγια.

e) Κόψτε προσεκτικά ανάμεσα σε οδοντογλυφίδες για να πάρετε 6 στρογγυλούς τροχούς ανά τορτίγια.

f) Σερβίρετε αμέσως.

24. Mexican Street Corn Pinwheel

Κάνει; 32

ΣΥΣΤΑΤΙΚΑ:
- 8 ουγγιές τυρί κρέμα, μαλακωμένο
- ½ φλιτζάνι μαγιονέζα
- ⅓ φλιτζάνι κρέμα γάλακτος
- 1 κουταλιά της σούπας φρέσκο μαϊντανό, ψιλοκομμένο
- 1 jalapeno, σε κύβους
- 4 φρέσκα κρεμμυδάκια, κομμένα σε φέτες
- χυμό από ένα λάιμ
- 2 κουταλάκια του γλυκού τσίλι σε σκόνη
- 2 ½ φλιτζάνια απανθρακωμένο καλαμπόκι
- 1 φλιτζάνι τυρί Cotija ή φέτα
- 4 μεγάλες τορτίγιες από αλεύρι

ΟΔΗΓΙΕΣ:
a) Ανακατεύουμε το τυρί κρέμα, τη μαγιονέζα και την κρέμα γάλακτος σε ένα μέτριο μπολ με το μίξερ μέχρι να γίνουν λεία και κρεμώδη.

b) Προσθέστε τον μαϊντανό, το jalapeno, τα φρέσκα κρεμμυδάκια, το χυμό λάιμ, τη σκόνη τσίλι, τους κόκκους καλαμποκιού και το τυρί Cotija ή φέτα. Ανακατεύουμε να ανακατευτούν μέχρι να ενωθούν πλήρως.

c) Απλώστε το μείγμα ομοιόμορφα στις τορτίγιες με αλεύρι, σε απόσταση περίπου ½ ίντσας από τις άκρες.

d) Τυλίξτε την τορτίγια και τυλίξτε την σε πλαστική μεμβράνη. Τοποθετούμε την τυλιγμένη τορτίγια στο ψυγείο για τουλάχιστον μία ώρα. Χρησιμοποιήστε ένα οδοντωτό μαχαίρι για να κόψετε το ρολό σε ρόδες.

25. Ρεβυθοσαλάτα Ρεβυθοσαλάτα

Κατασκευάζει: 16 ρόδες

ΣΥΣΤΑΤΙΚΑ:
- 2 κονσέρβες 15 ουγγιών ρεβίθια στραγγισμένα και ξεπλυμένα
- 1 μεγάλο αβοκάντο ή 2 μικρά αβοκάντο
- 1 jalapeño ψιλοκομμένο
- ½ κόκκινο κρεμμύδι ψιλοκομμένο
- ¼ φλιτζάνι μουστάρδα
- ¼ φλιτζάνι vegan mayo
- πιπέρι για γεύση
- σκόρδο αλάτι για γεύση
- καυτερή σάλτσα για γεύση
- 2 μεγάλες τορτίγιες ή τυλιχτά
- 2 χούφτες baby σπανάκι

ΟΔΗΓΙΕΣ:
a) Προσθέστε τα ρεβίθια σε ένα μπολ και πολτοποιήστε με ένα πιρούνι.

b) Προσθέστε το αβοκάντο και πολτοποιήστε μέχρι να ενωθεί το αβοκάντο.

c) Προσθέστε το jalapeño, το κόκκινο κρεμμύδι, τη μουστάρδα, το vegan mayo, το πιπέρι, το σκόρδο αλάτι και την καυτερή σάλτσα.

d) Ανακατεύουμε να ενωθούν. Δοκιμάστε και προσαρμόστε τα καρυκεύματα όπως χρειάζεται. Τοποθετούμε στο ψυγείο για τουλάχιστον 30 λεπτά.

e) Για τη συναρμολόγηση απλώστε μια ομοιόμορφη στρώση γέμισης στις εξωτερικές άκρες της τορτίγιας.

f) Από πάνω το μισό της γέμισης με σπανάκι.

g) Ξεκινώντας από το τέλος με το σπανάκι, τυλίξτε σφιχτά τις τορτίγιες μέχρι να φτάσετε στην άλλη άκρη.

h) Χρησιμοποιήστε ένα κοφτερό μαχαίρι και κόψτε το περιτύλιγμα σε 8 κομμάτια.

i) Σερβίρετε αμέσως ή βάζετε σε αεροστεγές δοχείο στο ψυγείο μέχρι να είναι έτοιμο για σερβίρισμα.

26. Τροχοί άγριο ρύζι και κοτόπουλο

Κάνει: 6 μερίδες

ΣΥΣΤΑΤΙΚΑ:
- 4 κουταλάκια του γλυκού ελαιόλαδο, χωρισμένα
- 2 φλιτζάνια φρέσκο baby σπανάκι, χοντροκομμένο
- 2 σκελίδες σκόρδο, ψιλοκομμένες
- 2 φλιτζάνια μαγειρεμένο άγριο και καστανό ρύζι
- 1/4 φλιτζάνι λιαστές ντομάτες, ψιλοκομμένες
- 1 κουταλάκι του γλυκού δεντρολίβανο φρέσκο, ψιλοκομμένο
- 1 φλιτζάνι τριμμένο τυρί monterey jack
- 1/4 φλιτζάνι καβουρδισμένο κουκουνάρι
- Αλάτι και πιπέρι για να γευτείς
- 3 μεγάλα στήθη κοτόπουλου χωρίς κόκαλα, κομμένα και κοπανισμένα σε πάχος 1/4 ίντσας
- 2 κουταλάκια του γλυκού βούτυρο

ΟΔΗΓΙΕΣ:
a) Προθερμάνετε το φούρνο στους 350 F.

b) Σε μια μεγάλη κατσαρόλα, προσθέστε 2 κουταλάκια του γλυκού ελαιόλαδο. Σοτάρετε 2 ψιλοκομμένες σκελίδες σκόρδο και 2 φλιτζάνια ψιλοκομμένο σπανάκι για περίπου 2 λεπτά, μέχρι να μαραθεί το σπανάκι. Ψύξτε μερικά λεπτά.

c) Προσθέστε 2 φλιτζάνια μαγειρεμένο άγριο και καστανό ρύζι, 1/4 φλιτζάνι ψιλοκομμένες λιαστές ντομάτες, 1 κουταλάκι του γλυκού ψιλοκομμένο δεντρολίβανο, 1 φλιτζάνι τριμμένο τυρί Monterey Jack και 1/4 φλιτζάνι φρυγανισμένο κουκουνάρι.

d) Καρικέψτε με αλάτι και πιπέρι βάσει της γεύσης σας. Ανακατεύουμε όλα τα υλικά μαζί.

e) Απλώστε 3 μεγάλα στήθη κοτόπουλου χωρίς κόκαλα σε πάχος 1/4 ίντσας.

f) Τοποθετήστε μια γέμιση στη μέση του στήθους κοτόπουλου. Τυλίξτε το κοτόπουλο σε ρολό, σφραγίζοντας τις άκρες και δέστε με σπάγκο κουζίνας ή οδοντογλυφίδες για να τα κρατήσετε κλειστά.

g) Σε μια μεγάλη κατσαρόλα, προσθέστε 2 κουταλάκια του γλυκού βούτυρο και 2 κουταλάκια του γλυκού ελαιόλαδο. Ζεσταίνουμε σε μέτρια προς υψηλή θερμοκρασία. Ροδίζουμε τα ρολά κοτόπουλου από όλες τις πλευρές, περίπου 2 λεπτά ανά πλευρά.

h) Τοποθετούμε τα ρολά κοτόπουλου σε ένα ταψί και περιχύνουμε με τη σάλτσα.

i) Ψήνουμε ακάλυπτα για 45 λεπτά.

j) Κόψτε το κοτόπουλο σε ρόδες πάχους 2 ιντσών.

27. Τροχοί μπριζόλας με πλευρές

Κάνει: 4 μερίδες

ΣΥΣΤΑΤΙΚΑ:
- 1 κιλό Flank μπριζόλα
- 1 κουταλιά της σούπας μπαχαρικό κρεόλ
- ½ φλιτζάνι ψητές σκελίδες σκόρδου
- 1 κουταλιά της σούπας κιμάς γαύρου
- 2 κουταλιές της σούπας τριμμένη παρμεζάνα
- Αλατοπίπερο
- 1/4 φλιτζάνι ελαιόλαδο
- 8 φέτες μπέικον
- 2 κουταλιές της σούπας ψιλοκομμένο μαϊντανό, για γαρνίρισμα
- Σπιτικό Worcestershire
- Σάλτσα (προαιρετικά), για το σερβίρισμα

ΟΔΗΓΙΕΣ:
Μπριζόλα με πεταλούδα: κόψτε τη μπριζόλα οριζόντια από τη μέση, αφήνοντας τη κολλημένη στο ένα άκρο, για να δημιουργήσετε μια επίπεδη, λεπτή ορθογώνια φέτα. Καρυκεύστε γενναιόδωρα και τις δύο πλευρές με κρεολικό μπαχαρικό. Σε ένα μικρό μπολ στύβετε τις ψημένες σκελίδες σκόρδου και τις συνδυάζετε με αντζούγιες, τυρί παρμεζάνα και φρεσκοτριμμένο μαύρο πιπέρι. πολτοποιήστε, προσθέτοντας αρκετό ελαιόλαδο, μερικές σταγόνες τη φορά, για να δέσει το μείγμα. Απλώστε ομοιόμορφα το μείγμα σκόρδου πάνω από τη μπριζόλα. Στρώστε το μπέικον σε όλη την μπριζόλα, να καλύψει όλη την επιφάνεια. Τυλίξτε τη μακριά πλευρά, με ρολό ζελέ. Κόψτε το ρολό σε "τροχούς καρφίτσας" πάχους 1½ ίντσας, στερεώνοντας το ένα κλειστό με ένα σουβλάκι, καθώς τα κόβετε. Αλατοπιπερώνουμε. Ψήστε σε προθερμασμένη σχάρα, 4 λεπτά ανά πλευρά για μέτρια. Σερβίρετε 3 ανά μερίδα, με σπιτική σάλτσα Worcestershire, αν θέλετε. Σερβίρουμε γαρνίροντας με μαϊντανό.

28. Τροχοί ζαμπόν

Κάνει: 6 μερίδες

ΣΥΣΤΑΤΙΚΑ:
- 1 πακέτο 8 ουγκιές τυρί κρέμα, μαλακωμένο
- 1 κουταλάκι του γλυκού Χρένο
- 1 πακέτο 4 οz λεπτές φέτες ζαμπόν ή μοσχάρι
- 1 κουταλιά της σούπας τριμμένο κρεμμύδι
- 1 παύλα σάλτσα Worchestershire

ΟΔΗΓΙΕΣ:
a) Ανακατέψτε το τυρί κρέμα, το κρεμμύδι, το χρένο και τη σάλτσα Worchestershire μέχρι να ομογενοποιηθεί. Ξεχωριστές φέτες κρέατος. Τοποθετούμε τις πέντε φέτες μας, ελαφρώς αλληλεπικαλυπτόμενες σε ένα κομμάτι αλουμινόχαρτου 18".
b) Στρώστε άλλες δύο σειρές για να σχηματίσετε ένα ορθογώνιο κρέας. Αλείφουμε με μείγμα τυριών. Τυλίγουμε ως ρολό ζελέ χρησιμοποιώντας αλουμινόχαρτο για να φουσκώσει το κρέας στην αρχή του ρολού.
c) Χρησιμοποιήστε τα δάχτυλα για να κυλήσετε μέχρι να ολοκληρωθεί. Ψύξτε μέχρι να σφίξει πολύ. Λίγο πριν το σερβίρετε, κόψτε σε φέτες μιας ίντσας.

29. Αλμυροί ρόδες προσούτο

Κάνει: 24 μερίδες

ΣΥΣΤΑΤΙΚΑ:
- 2 κουταλάκια του γλυκού Παγωμένη σφολιάτα
- ½ κιλά προσούτο σε λεπτές φέτες. διαιρεμένος
- 3 ουγγιές φρεσκοτριμμένη παρμεζάνα. διαιρεμένος
- 1 βάζο Γλυκό-ζεστή μουστάρδα - (4 oz); διαιρεμένος
- 1 αυγό? χτυπημένος με
- 2 κουταλιές της σούπας Νερό

ΟΔΗΓΙΕΣ:
a) Ξεπαγώστε τη σφολιάτα σε θερμοκρασία δωματίου για 20 έως 30 λεπτά. Αλευρώνουμε ελαφρά και ανοίγουμε ένα φύλλο ζύμης σε περίπου 12 επί 15 ίντσες. Αλείφουμε φύλλο ζαχαροπλαστικής με τη μισή μουστάρδα. Από πάνω ρίχνουμε το μισό προσούτο, σε μονές στρώσεις. Πασπαλίζουμε το προσούτο με τη μισή παρμεζάνα. Πιέστε το τυρί με τα δάχτυλά σας ή μια σπάτουλα. Τυλίξτε τη ζύμη σε μια σπείρα.

b) Αλείψτε τις άκρες με λίγο νερό και πιέστε για να σφραγιστούν. Χρησιμοποιώντας ένα οδοντωτό μαχαίρι, κόψτε το ρολό σε τροχούς καρφίτσας μιας ίντσας. Τοποθετήστε ρόδες σε ένα ταψί και πιέστε τους με τον πάτο ενός ποτηριού ή το πίσω μέρος μιας σπάτουλας.

c) Επαναλάβετε για το δεύτερο φύλλο σφολιάτας και μετά βάζετε στο ψυγείο τις ρόδες για 15 λεπτά. Αλείφουμε τους τροχούς με αυγολέμονο και ψήνουμε σε προθερμασμένο φούρνο στους 400 βαθμούς για δέκα λεπτά. Γυρίστε και ψήστε άλλα πέντε με δέκα λεπτά ή μέχρι να ροδίσουν.

30. Τροχοί λουκάνικου

Φτιάχνει: 1 μερίδα

ΣΥΣΤΑΤΙΚΑ:

- 2 φλιτζάνια αλεύρι για όλες τις χρήσεις
- 1 κουταλάκι του γλυκού Αλάτι
- ⅔ φλιτζάνι γάλα
- 1 κουταλιά της σούπας Μπέικιν πάουντερ
- ¼ φλιτζάνι Βραχυντικό
- 1 κιλό Ζεστό χύμα λουκάνικο
- Τυρί, προαιρετικά

ΟΔΗΓΙΕΣ:

a) Ανακατεύουμε το αλεύρι, το μπέικιν πάουντερ και το αλάτι. Κόβουμε σε λίπος μέχρι να θυμίζει χοντρό γεύμα.

b) Προσθέστε γάλα? ανακατεύουμε και ανακατεύουμε. Σβήνουμε σε αλευρωμένη επιφάνεια και ζυμώνουμε 3 ή 4 φορές.

c) Τυλίξτε τη ζύμη σε ένα ορθογώνιο 18x12 ιντσών. Απλώστε το λουκάνικο (σε θερμοκρασία δωματίου) πάνω από τη ζύμη, αφήνοντας ½ ίντσα περιθώριο από όλες τις πλευρές.

d) Τυλίξτε τη ζύμη κατά μήκος (με ρολό ζελατίνας) και τσιμπήστε τις ραφές και τις άκρες για να σφραγιστούν.

e) Σκεπάζουμε και βάζουμε στο ψυγείο για τουλάχιστον 1 ώρα.

f) Κόβουμε σε φέτες πάχους ¼ ίντσας και ψήνουμε στους 350 βαθμούς για 20 λεπτά.

g) Σερβίρουμε με τυρί.

31. Τροχοί στήθους γαλοπούλας

Φτιάχνει: 1 μερίδα

ΣΥΣΤΑΤΙΚΑ:
- 12 μεγάλες τορτίγιες από αλεύρι
- 8 ουγγιές Pkg τυρί κρέμα? μαλακός
- ½ φλιτζάνι βούτυρο ή μαργαρίνη? μαλακός
- ¼ φλιτζάνι λιαστές ντομάτες συσκευασμένες με λάδι, ψιλοκομμένες
- ¼ κουταλάκι του γλυκού τριμμένο λευκό πιπέρι
- Φρέσκο κάρδαμο
- 1 μεγάλη συσκευασία υγρό στήθος γαλοπούλας. ψημένο και κομμένο σε λεπτές φέτες

ΟΔΗΓΙΕΣ:
a) Ανακατεύουμε μαζί το τυρί κρέμα, το βούτυρο, την πιπεριά και τις λιαστές ντομάτες.

b) Αλείφουμε τις τορτίγιες, μία κάθε φορά, με αυτό το μείγμα.

c) Στρώνουμε τις φέτες στήθους γαλοπούλας, ελαφρώς αλληλεπικαλυπτόμενες, πάνω από το μείγμα του τυριού κρέμα, αφήνοντας ακάλυπτη τη μία άκρη του τυριού κρέμα.

d) Τοποθετήστε φρέσκα κλωνάρια άνηθου ή ακόντια από τουρσί άνηθου στη μία άκρη. ξεκινώντας από αυτή την άκρη τυλίγουμε σφιχτά, «κολλώντας» στο τέλος την τορτίγια μαζί με την ακάλυπτη άκρη του τυριού κρέμα.

e) Τυλίξτε σφιχτά σε πλαστική μεμβράνη και ψύξτε, τουλάχιστον μία ώρα ή έως και 24 ώρες.

f) Όταν είναι έτοιμο για σερβίρισμα, ξετυλίγουμε και κόβουμε σε φέτες πάχους περίπου ½" σε ελαφρά διαγώνιο.

32. Τροχοί κρακ κοτόπουλου

Κάνει: 3 δωδεκάδες

ΣΥΣΤΑΤΙΚΑ:
- 1 (8 oz) συσκευασία τυρί κρέμα, μαλακωμένο
- 1 ½ κουταλιά της σούπας μείγμα ράντσο
- 1 φλιτζάνι τριμμένο τυρί τσένταρ
- 1 με 2 κουταλιές της σούπας γάλα
- ¾ φλιτζάνι ψιλοκομμένο μαγειρεμένο μπέικον
- 1 φλιτζάνι ψιλοκομμένο κοτόπουλο
- 4 ή 5 μεγάλες τορτίγιες burrito (10 ιντσών)

ΟΔΗΓΙΕΣ:
a) Ανακατέψτε το μαλακωμένο τυρί κρέμα με τη σκόνη ράντσο, το τυρί τσένταρ, 1 κουταλιά της σούπας γάλα, το μπέικον και το κοτόπουλο μέχρι να ενωθούν καλά. Προσθέστε περισσότερο γάλα αν θέλετε.

b) Απλώστε περίπου ¼ φλιτζάνι μείγμα κοτόπουλου ομοιόμορφα στην τορτίγια.

c) Τυλίξτε την τορτίγια απαλά, αλλά σφιχτά για να βεβαιωθείτε ότι συγκρατείται και διατηρεί το σχήμα της.

d) Αφήνουμε στο ψυγείο για περίπου 30 λεπτά για να σφίξει το μαλακωμένο τυρί. Κόψτε τα άκρα του ρολού τορτίγια και κόψτε σε φέτες 1 ίντσας.

33. Ροδάκια κοτόπουλου Buffalo

Κατασκευάζει: 36 τεμάχια

ΣΥΣΤΑΤΙΚΑ:
- 8 ουγγιές τυρί κρέμα (μαλακωμένο σε θερμοκρασία δωματίου)
- 1 φλιτζάνι τριμμένο τυρί τσένταρ
- 1/4 φλιτζάνι σάλτσα με φτερούγες βουβάλου
- 1 κουταλιά της σούπας αποξηραμένο καρύκευμα ράντσο
- 2 κρεμμύδια (σε λεπτές φέτες)
- 2 κουταλιές της σούπας μπλε τυρί θρυμματισμένο (προαιρετικά)
- 2 φλιτζάνια ψιλοκομμένο κοτόπουλο
- 4 τορτίγιες σε μέγεθος μπουρίτο
- ντιπ ράντσο, για βύθιση (προαιρετικό)

ΟΔΗΓΙΕΣ:
a) Τοποθετήστε το τυρί κρέμα, το τσένταρ, τη σάλτσα βουβάλου, τα καρυκεύματα του ράντσο, τα κρεμμύδια και το μπλε τυρί (αν χρησιμοποιείτε) σε ένα μεγάλο μπολ. Ανακατεύουμε με ένα ηλεκτρικό μίξερ χειρός μέχρι να ομογενοποιηθούν και να ομογενοποιηθούν. Προσθέτουμε το ψημένο κοτόπουλο και με μια σπάτουλα ή ξύλινη κουτάλα το διπλώνουμε μέχρι να ενσωματωθεί.
b) Απλώστε μια τορτίγια σε μια καθαρή επιφάνεια εργασίας. Πάρτε το 1/4 του μείγματος κοτόπουλου και απλώστε το ομοιόμορφα στην τορτίγια, αφήνοντας ένα περίγραμμα 1/2 ίντσας. Τυλίξτε σφιχτά την τορτίγια για να σχηματιστεί ένα μακρύ κούτσουρο. Επαναλάβετε με τις υπόλοιπες τορτίγιες/γέμιση.
c) Τυλίξτε τα κούτσουρα σφιχτά σε πλαστική μεμβράνη, διπλώστε τα άκρα της πλαστικής μεμβράνης από κάτω. Το βάζουμε στο ψυγείο για τουλάχιστον 4 ώρες ή ιδανικά όλη τη νύχτα.
d) Ξετυλίξτε τους τροχούς καρφίτσας από το πλαστικό. Κόψτε σε γύρους 1/2 ίντσας, σερβίρετε με ντρέσινγκ ράντσο για βουτιά και απολαύστε!

34. Rainbow Chicken Veggie Pinwheels

Κάνει: 4 μερίδες

ΣΥΣΤΑΤΙΚΑ:
- 4 μεγάλες τορτίγιες
- 2/3 φλιτζανιού τυρί σαντιγί
- 1 κουταλιά της σούπας ξηρή σκόνη ράντσο
- 1/2 φλιτζάνι λωρίδες κόκκινης πιπεριάς σε λεπτές φέτες
- 1/2 φλιτζάνι λωρίδες καρότου σε λεπτές φέτες
- 1/2 φλιτζάνι λωρίδες κίτρινης πιπεριάς σε λεπτές φέτες
- 1/2 φλιτζάνι φύλλα baby σπανάκι
- 1/2 φλιτζάνι τριμμένο μοβ λάχανο
- 1 φλιτζάνι μαγειρεμένο ψιλοκομμένο κοτόπουλο

ΟΔΗΓΙΕΣ:
a) Ανακατεύουμε μαζί το τυρί κρέμα και τη σκόνη ράντσο μέχρι να ενωθούν καλά.
b) Απλώνουμε ομοιόμορφα το μείγμα του τυριού κρέμα πάνω από τις 4 τορτίγιες.
c) Αφήνοντας ένα περίγραμμα 1 ίντσας από όλες τις πλευρές, απλώστε 2 κουταλιές της σούπας λαχανικών σε σειρές στις τορτίγιες. από πάνω με ψιλοκομμένο κοτόπουλο.
d) Τυλίξτε τορτίγια σφιχτά. αν οι άκρες δεν μένουν κλειστές, μπορείτε να προσθέσετε λίγο ακόμα τυρί κρέμα για να σφραγιστεί.
e) Κόβουμε σταυρωτά σε ρόδες και σερβίρουμε.

35. Ρολά γαρίδας με ρολό

Κάνει: 4 μερίδες

ΣΥΣΤΑΤΙΚΑ:
- 5 μεγάλα αυγά
- 1 κουταλιά της σούπας λάδι σαλάτας
- 1 κιλό Ακατέργαστες γαρίδες? βομβαρδισμένος, βυθισμένος
- 2 κουταλάκια του γλυκού Αλάτι
- ⅓ φλιτζάνι Λεπτή αποξηραμένη ψίχα ψωμιού
- 1 κουταλάκι του γλυκού ψιλοκομμένο φρέσκο τζίντζερ
- 1 ασπράδι αυγού
- ⅛ κουταλάκι του γλυκού καυτερή πιπεριά σε σκόνη
- ¼ κουταλάκι του γλυκού λευκό πιπέρι
- 2 κουταλιές της σούπας βερμούτ
- ¼ φλιτζάνι ζωμός κοτόπουλου ή ψαριού
- 2 κουταλιές της σούπας ψιλοκομμένο κρεμμύδι? μόνο λευκό μέρος
- ½ Κόκκινη γλυκιά πιπεριά ή πιμιέντο κομμένη σε κύβους
- 1 μικρό καρότο? ψιλοκομμένο
- 8 Μπιζέλια χιονιού. σε κύβους
- ¼ φλιτζάνι σάλτσα στρειδιών
- ¼ φλιτζάνι ζωμός κοτόπουλου
- 1 κουταλιά της σούπας σάλτσα σόγιας
- 1 κουταλιά της σούπας σάλτσα ταμπάσκο
- 1 κουταλάκι του γλυκού τριμμένο φρέσκο τζίντζερ

ΟΔΗΓΙΕΣ:
a) Χτυπάμε τα 5 αβγά μέχρι να ομογενοποιηθούν καλά. Αλείψτε ένα τηγάνι με επένδυση από τεφλόν με το μισό λάδι σαλάτας.
b) Ζεσταίνουμε το τηγάνι και ρίχνουμε μέσα τα μισά αυγά, στροβιλίζοντας το τηγάνι για να καλύψουν τα αυγά τον πάτο του τηγανιού.
c) Μαγειρέψτε την κρέπα αυγών μέχρι να δέσει. Αφαιρούμε από το τηγάνι και αφήνουμε να κρυώσει. Επαναλαμβάνω.
d) Τρίψτε τις γαρίδες με 1 κουτ. αλάτι και πλύνετε καλά με κρύο τρεχούμενο νερό. Στραγγίστε τις γαρίδες και στεγνώστε τις.

e) Ψιλοκόβουμε τις γαρίδες με τις στροφές on/off του επεξεργαστή τροφίμων και τις μεταφέρουμε σε ένα μεγάλο μπολ ανάμειξης.

f) Προσθέστε το υπόλοιπο αλάτι, την ψίχα ψωμιού, τζίντζερ, ασπράδι αυγού, πιπέρι, βερμούτ, ζωμό κοτόπουλου ή ψαριού & κρεμμύδι. Ανακατεύουμε ζωηρά μέχρι να ομογενοποιηθεί το μείγμα.

g) Προσθέστε κομμένο σε κύβους αρακά και γλυκό κόκκινο πιπέρι ή πιμιέντο.

h) Απλώστε ½ μείγμα γαρίδας σε μια κρέπα αυγού, πάνω με τα μισά ψιλοκομμένα καρότα, & ρολό. Επαναλάβετε με την άλλη κρέπα.

i) Τοποθετούμε τα ρολά γαρίδας στο πιάτο σε ατμομάγειρα και βράζουμε στον ατμό για 10 λεπτά. Σερβίρετε με σάλτσα στρειδιών. Στρείδι

ΣΑΛΤΣΑ:

j) Ανακατεύουμε μαζί, ζεσταίνουμε σε κατσαρόλα και σερβίρουμε ζεστό με ρολά γαρίδας.

36. Τροχοί καπνιστού σολομού

Κατασκευάζει: 32 Τεμάχια

ΣΥΣΤΑΤΙΚΑ:
- 1 φλιτζάνι τυρί κρέμα
- 1 κουταλιά της σούπας βότκα
- ¼ φλιτζανιού κόκκινο κρεμμύδι, ψιλοκομμένο
- 2 κουταλιές της σούπας φρέσκο άνηθο ψιλοκομμένο
- 1 κουταλιά της σούπας χυμό λεμονιού
- Φρεσκοτριμμένο πιπέρι
- 8 ουγγιές καπνιστό σε λεπτές φέτες
- Σολομός
- Τέσσερις τορτίγιες από αλεύρι 7 ιντσών

ΟΔΗΓΙΕΣ:
a) Συνδυάστε το τυρί κρέμα, τη βότκα, το κόκκινο κρεμμύδι, τον άνηθο και το χυμό λεμονιού.

b) Απλώστε ¼ φλιτζάνι (50 ml) μείγμα τυριού σε τορτίγια.

c) Κορυφαία τορτίγιες με καπνιστό σολομό. Τυλίξτε σφιχτά.

d) Τυλίξτε σε πλαστική μεμβράνη και βάλτε το στο ψυγείο μέχρι να χρειαστεί.

e) Κόψτε τις άκρες της τορτίγιας και κόψτε σε 8 κομμάτια. Γαρνίρουμε με κλωναράκια άνηθου ή σχοινόπρασο.

37. Τροχοί σφολιάτας τόνου

Κατασκευάζει: 15 ρόδες

ΣΥΣΤΑΤΙΚΑ:
- 1 φύλλο σφολιάτας
- 2 κουταλάκια του γλυκού έξτρα παρθένο ελαιόλαδο
- 1 μέτριο καφέ/κίτρινο κρεμμύδι, ψιλοκομμένο
- 6,5 ουγγιές κονσέρβα τόνου σε λάδι, καλά στραγγισμένο
- ⅓ φλιτζάνι τυρί τσέντταρ, τριμμένο
- 3 κουταλιές της σούπας μαϊντανός πλατύφυλλος, ψιλοκομμένος
- 1 κουταλάκι του γλυκού ξύσμα λεμονιού
- ¼ κουταλάκι του γλυκού πιπέρι καγιέν
- θαλασσινό αλάτι και φρεσκοτριμμένο μαύρο πιπέρι

ΟΔΗΓΙΕΣ:
a) Προθερμάνετε το φούρνο σας στους 200 βαθμούς C.
b) Ετοιμάζουμε ένα ταψί με χαρτί ψησίματος.
c) Βγάζουμε τη σφολιάτα από την κατάψυξη και την ξεπαγώνουμε.
d) Επιστρέψτε τη ζύμη στο ψυγείο μόλις ξεπαγώσει για να διατηρηθεί παγωμένη.
e) Ψιλοκόβετε το κρεμμύδι σας και τηγανίζετε απαλά στο ελαιόλαδο για περίπου 8-10 λεπτά ή μέχρι να καραμελώσει ελαφρώς. Αφήνουμε στην άκρη να κρυώσει.
f) Στραγγίζουμε την κονσέρβα του τόνου και προσθέτουμε σε ένα μεσαίου μεγέθους μπολ. Πολτοποιήστε για να σπάσουν τυχόν μεγάλα κομμάτια.
g) Προσθέστε το ψημένο κρεμμύδι και τα υπόλοιπα υλικά στον τόνο και ανακατέψτε καλά να ενωθούν.
h) Ελέγξτε ότι το καρύκευμα είναι του γούστου σας, προσθέτοντας περισσότερο αλάτι, πιπέρι ή ξύσμα λεμονιού εάν χρειάζεται.
i) Γεμίστε τη ζύμη με το μείγμα τόνου. Απλώστε ομοιόμορφα το μείγμα, φροντίζοντας να αφήσετε ένα μικρό κενό γύρω από την άκρη της ζύμης.
j) Χρησιμοποιώντας το πίσω μέρος ενός κουταλιού ή μια λαστιχένια σπάτουλα, πιέστε προς τα κάτω το μείγμα για να συμπιεστεί.

k) Ξεκινήστε σιγά σιγά να τυλίγετε τη ζύμη από το άκρο που βρίσκεται πιο κοντά σας. Συνεχίστε να κυλάτε προς τα εμπρός, αρκετά σταθερά, κρατώντας το όσο πιο σφιχτό γίνεται, μέχρι να φτάσετε στο τέλος του ρολού.

l) Ξαναβάζουμε τη σφολιάτα στο ψυγείο για περίπου 15 λεπτά να σφίξει.

m) Χρησιμοποιώντας ένα οδοντωτό μαχαίρι, κόψτε τις άκρες και πετάξτε.

n) Στη συνέχεια, χρησιμοποιώντας το ίδιο μαχαίρι, κόψτε τον τροχό καρφίτσας πάχους περίπου 1,5 cm (½").

o) Τοποθετήστε τους τροχούς σας σε ένα ταψί. Εάν πέσει λίγο μείγμα, απλώς σπρώξτε το προς τα μέσα απαλά.

p) Ψήνετε για 15-20 λεπτά ή μέχρι να ροδίσει και να ψηθεί η ζύμη.

q) Σερβίρουμε ζεστό από το φούρνο ή αφήνουμε να κρυώσει σε θερμοκρασία δωματίου.

38. Ιταλικά μπινελίκια πεπερόνι

Κάνει: 35

ΣΥΣΤΑΤΙΚΑ:
● 5 τορτίγιες 10" αλεύρι (σπανάκι λιαστή ντομάτα ή άσπρο αλεύρι)
● 16 ουγγιές τυρί κρέμα μαλακωμένο
● 2 κουταλάκια του γλυκού ψιλοκομμένο σκόρδο
● ½ φλιτζάνι κρέμα γάλακτος
● ½ φλιτζάνι τυρί παρμεζάνα
● ½ φλιτζάνι ιταλικό τριμμένο τυρί ή τυρί μοτσαρέλα
● 2 κουταλάκια του γλυκού ιταλικά καρυκεύματα
● 16 ουγγιές φέτες πεπερόνι
● ¾ φλιτζάνι ψιλοκομμένες κίτρινες και πορτοκαλί πιπεριές
● ½ φλιτζάνι φρέσκα μανιτάρια ψιλοκομμένα

ΟΔΗΓΙΕΣ:
a) Σε μια λεκάνη, χτυπήστε το τυρί κρέμα μέχρι να ομογενοποιηθεί. Συνδυάστε το σκόρδο, την κρέμα γάλακτος, τα τυριά και τα ιταλικά καρυκεύματα σε ένα μπολ ανάμειξης. Ανακατεύουμε μέχρι να ομογενοποιηθούν όλα καλά.
b) Απλώνουμε το μείγμα ομοιόμορφα ανάμεσα στις 5 τορτίγιες αλευριού. Καλύπτουμε ολόκληρη την τορτίγια με το μείγμα τυριών.
c) Τοποθετήστε μια στρώση πεπερόνι πάνω από το μείγμα τυριών.
d) Επικαλύπτουμε το πεπερόνι με τις πιπεριές και τα μανιτάρια σε χοντροκομμένες φέτες.
e) Τυλίξτε σφιχτά την τορτίγια και τυλίξτε την σε πλαστική μεμβράνη.
f) Αφήνουμε στην άκρη για τουλάχιστον 2 ώρες στο ψυγείο.

39. Τραγανά μπινελίκια σαλαμιού

Κάνει 12

ΣΥΣΤΑΤΙΚΑ:
- 1 κουταλιά της σούπας βασιλικός, ψιλοκομμένος
- 250 γρ τυρί κρέμα
- Ρίξε μαύρο πιπέρι
- 2 κουταλιές της σούπας κάπαρη, ψιλοκομμένη
- 12 γύρους ουγγρικό σαλάμι

ΟΔΗΓΙΕΣ:
a) Συνδυάστε το τυρί κρέμα, την κάπαρη, το μαύρο πιπέρι και τον βασιλικό.

b) Στρώνουμε το σαλάμι σε μια επιφάνεια και απλώνουμε το μείγμα της γέμισης.

c) Τυλίξτε το σε ρολό και τοποθετήστε το στο καλάθι της φριτέζας.

d) Ψήνουμε στους 180ºC, για 7 λεπτά.

40. Ζαμπόν και τυρί αγγούρι Τροχοί καρφίτσας

ΣΥΣΤΑΤΙΚΑ:

ΕΠΑΛΕΙΨΗ ΑΒΟΚΑΔΟ-ΧΟΥΜΜΟΥ

- 1 ώριμο αβοκάντο, χωρίς κουκούτσι
- 2 κουταλιές της σούπας απλό χούμους
- 1 σκελίδα σκόρδο, πιεσμένη
- 2 κουταλάκια του γλυκού φρέσκο χυμό λάιμ
- αλάτι kosher και φρέσκο μαύρο πιπέρι, για γεύση

ΤΡΟΧΟΙ ΑΚΡΙΦΩΣΗΣ

- 1–2 αγγούρια χωρίς κουκούτσι, αφαιρούνται τα άκρα
- 6–8 φέτες Ζαμπόν Ντελικατέ με μέλι
- 6 φέτες τυρί deli provolone
- φρέσκο κόλιανδρο ψιλοκομμένο
- φρέσκα φύλλα baby σπανάκι

ΟΔΗΓΙΕΣ:

ΕΠΑΛΕΙΨΗ ΑΒΟΚΑΔΟ-ΧΟΥΜΜΟΥ

a) Σε ένα μικρό μπολ πολτοποιήστε τη σάρκα του αβοκάντο με ένα πιρούνι. Στο αβοκάντο, προσθέστε χούμους, σκόρδο και χυμό λάιμ. Καρικέψτε με αλάτι και πιπέρι βάσει της γεύσης σας. Ανακατεύουμε μέχρι να αναμειχθούν καλά.

ΤΡΟΧΟΙ ΑΚΡΙΦΩΣΗΣ

b) Με έναν κόφτη μαντολίνου, κόψτε το αγγούρι σε λεπτές λωρίδες. Κατάφερα να πάρω περίπου 10 λωρίδες από ένα αγγούρι μεσαίου μεγέθους. Οι πρώτες λωρίδες ήταν πολύ μικρές για να τις χρησιμοποιήσω, έτσι τις πέταξα για σαλάτα. Μπορεί να έχετε λίγο λιγότερες ή περισσότερες λωρίδες ανάλογα με το μέγεθος του αγγουριού.

c) Τοποθετήστε 5 λωρίδες αγγουριού δίπλα σε άλλες, σε μια επίπεδη επιφάνεια με επένδυση χαρτιού, όπως ένα ξύλο κοπής, και χρησιμοποιώντας μια καθαρή χαρτοπετσέτα, σκουπίστε λίγη από την υγρασία από πάνω.

d) Απλώστε 2-3 κουταλιές της σούπας αβοκάντο-χούμους ομοιόμορφα πάνω στις φέτες. Στη συνέχεια προσθέστε 3-4 φέτες ζαμπόν, 3 φέτες τυρί προβολόνε, ελαφριά στρώση κόλιανδρου και ελαφριά στρώση baby σπανάκι.

e) Ξεκινώντας από το ένα άκρο, τυλίξτε σφιχτά όλες τις φέτες αγγουριού σε ένα μακρύ ρολό «σούσι».

f) Με ένα κοφτερό μαχαίρι κόβουμε το ρολό σε ατομικές μερίδες. Στερεώνουμε με μια οδοντογλυφίδα και τοποθετούμε σε πιατέλα σερβιρίσματος. Επαναλάβετε με τις υπόλοιπες λωρίδες αγγουριού.

g) Αυτά είναι καλύτερα όταν σερβίρονται την ίδια μέρα.

Κατάφερα να βγάλω περίπου 10 τροχούς από ένα αγγούρι.

41. Τροχοί Tofu με φιστίκια

Κάνει 4 τυλίγματα

ΣΥΣΤΑΤΙΚΑ:
- 8 ουγγιές εξαιρετικά σφιχτό τόφου, στραγγισμένο καλά και στεγνό
- 1 κουταλιά της σούπας σάλτσα σόγιας
- 1 κουταλιά της σούπας φρέσκο χυμό λάιμ
- 1/2 κουταλάκι του γλυκού τριμμένο φρέσκο τζίντζερ
- 1 σκελίδα σκόρδο, ψιλοκομμένη
- 1/4 κουταλάκι του γλυκού αλεσμένο καγιέν
- 4 τορτίγιες (10 ιντσών) από αλεύρι
- 2 φλιτζάνια ψιλοκομμένο μαρούλι
- 1 μεγάλο καρότο, τριμμένο
- 1/2 μέτριο αγγλικό αγγούρι, ξεφλουδισμένο και κομμένο σε φέτες 1/4 ίντσας

ΟΔΗΓΙΕΣ:
a) Σε έναν επεξεργαστή τροφίμων, συνδυάστε το τόφου, το φυστικοβούτυρο και τη σάλτσα σόγιας και επεξεργαστείτε μέχρι να ομογενοποιηθούν. Προσθέστε το χυμό λάιμ, το τζίντζερ, το σκόρδο και το καγιέν και επεξεργαστείτε μέχρι να ομογενοποιηθούν. Αφήστε στην άκρη για 30 λεπτά σε θερμοκρασία δωματίου για να αναμειχθούν οι γεύσεις.
b) Για να συναρμολογήσετε τα περιτυλίγματα, τοποθετήστε 1 τορτίγια σε μια επιφάνεια εργασίας και αλείψτε με περίπου 1/2 φλιτζάνι από το μείγμα tofu. Πασπαλίζουμε με μαρούλι, καρότο και αγγούρι. Τυλίγουμε σφιχτά και κόβουμε στη μέση διαγώνια.
c) Επαναλαμβάνουμε με τα υπόλοιπα υλικά και σερβίρουμε.

42. Τροχοί τορτίγιας πυραμίδας

Φτιάχνει: 1 μερίδα

ΣΥΣΤΑΤΙΚΑ:
- 4 τορτίγιες από αλεύρι
- ½ φλιτζάνι Απαλό φυστικοβούτυρο
- 1 ½ κουταλιά της σούπας άπαχο ξηρό γάλα
- ¼ φλιτζάνι τριμμένα καρότα
- ¼ φλιτζάνι Σταφίδες

ΟΔΗΓΙΕΣ:
a) Αλείφουμε τις τορτίγιες με φυστικοβούτυρο. Ρίξτε άπαχο ξηρό γάλα πάνω από το φυστικοβούτυρο.
b) Συνεχίζουμε με τριμμένα καρότα και σταφίδες. Τυλίγουμε την τορτίγια και κόβουμε σε μπουκιές.

43. **Ranchero Pinwheels**

Κάνει: 4 μερίδες

ΣΥΣΤΑΤΙΚΑ:
2 φλιτζάνια ψιλοκομμένο κοτόπουλο
1 κουτί (14,5 oz) ντομάτες σε κύβους με πράσινη πιπεριά και κρεμμύδι
½ φλιτζάνι Σάλσα παχύρρευστη και χοντρή
1 κονσέρβα (4 oz) πράσινα τσίλι σε κύβους, στραγγισμένα
½ φλιτζάνι φρέσκα κρεμμυδάκια σε φέτες
4 τορτίγιες από αλεύρι
1 φλιτζάνι τυρί monterey jack χαμηλών λιπαρών, τριμμένο

ΟΔΗΓΙΕΣ:
a) Συνδυάστε το κοτόπουλο, τις ντομάτες, τη σάλσα, τα τσίλι και τα κρεμμύδια στο τηγάνι. μαγειρέψτε για 5 λεπτά, ανακατεύοντας κατά διαστήματα.
b) Τυλίγουμε τις τορτίγιες σε πλαστική μεμβράνη και τις ζεσταίνουμε στο φούρνο μικροκυμάτων για 1 λεπτό ή μέχρι να ζεσταθούν.
c) Κουτάλι ¼ από το μείγμα κοτόπουλου στο κέντρο της τορτίγιας.
d) Συμπληρώστε με ¼ φλιτζάνι τυρί. Τυλίγουμε σε ρολό και σερβίρουμε.

44. Pineapple 'n' ham sandwich Pinwheels

Κάνει: 6 μερίδες

ΣΥΣΤΑΤΙΚΑ:
- 6 τορτίγιες καλαμποκιού ή αλευριού
- 8 ουγγιές Δοχείο τυρί κρέμα με ανανά, μαλακωμένο
- ¼ φλιτζάνι ψιλοκομμένα καρύδια ή πεκάν
- ⅛ κουταλάκι του γλυκού μπαχαρικό για κολοκυθόπιτα ή αλεσμένη κανέλα
- 6 ουγγιές Συσκευασία ζαμπόν σε λεπτές φέτες
- Φύλλα μαρουλιού (6 έως 12)

ΟΔΗΓΙΕΣ:
a) Σε ένα μικρό μπολ, συνδυάστε το τυρί κρέμα, τους ξηρούς καρπούς και τα μπαχαρικά. Ανακατέψτε καλά.
b) Για ρολό, μαγειρέψτε για λίγο την τορτίγια και από τις δύο πλευρές σε αντικολλητικό τηγάνι (περίπου 1 λεπτό). Μην ροδίζετε. Ψύξτε ελαφρά.
c) Απλώστε περίπου ⅙ από το μείγμα του τυριού κρέμα πάνω από την τορτίγια σε ½ ίντσα από την άκρη. Στρώνουμε 3 λεπτές φέτες ζαμπόν, που επικαλύπτονται στο κέντρο της τορτίγιας. Από πάνω ρίχνουμε 1 ή 2 φύλλα μαρουλιού.
d) Τυλίγουμε σε ρολό και τυλίγουμε σε πλαστική μεμβράνη.

45. Roast beef'n ελβετική τορτίγια Pinwheels

Φτιάχνει: 32 ορεκτικά

ΣΥΣΤΑΤΙΚΑ:
4 κουταλιές της σούπας ντρέσινγκ σαλάτας Ranch
4 τορτίγιες 8 ιντσών με αλεύρι
4 μεγάλα φύλλα μαρουλιού? σκισμένο για να χωρέσει τορτίγιες
8 ουγγιές ψητό βοδινό κρέας Deli
8 φέτες ελβετικό τυρί
4 κουταλάκια του γλυκού Κόκκινο κρεμμύδι; σε κύβους

ΟΔΗΓΙΕΣ:
Απλώνουμε 1 κουταλιά ντρέσινγκ σαλάτας σε τορτίγια,
καλύπτοντας όλη την επιφάνεια. Περιχύνουμε με φύλλο
μαρουλιού και 2 ουγκιές ψητό μοσχάρι, μια φέτα τυρί και 1
κουταλάκι του γλυκού κρεμμύδι. Τυλίγουμε σφιχτά την τορτίγια.
Για να σερβίρετε, κόψτε τα ροδέλες σε φέτες 1". Τοποθετήστε μια
φανταχτερή οδοντογλυφίδα για να στερεωθεί. Μπορεί να γίνει
από πριν, να καλυφθεί και να διατηρηθεί στο ψυγείο για έως και
1 ώρα.

46. Τορτίγια τυριού Pinwheels

Κάνει: 24 μερίδες

ΣΥΣΤΑΤΙΚΑ:
¼ φλιτζάνι μαλακό τυρί κρέμα με σχοινόπρασο
Και μπέικον
4 6 ή 8 σε τορτίγια
8 φέτες αμερικάνικο τυρί
8 φέτες Ζαμπόν καπνιστό μαγειρεμένο
Απλώστε μια κουταλιά της σούπας τυρί κρέμα σε τορτίγια. Από πάνω ρίχνουμε δύο φέτες ζαμπόν και τυρί. Τυλίξτε σφιχτά. Τυλίξτε καλά το ρολό σε πλαστική μεμβράνη. Διατηρώ ψυχρόν.

ΟΔΗΓΙΕΣ:
Κόψτε το ρολό σε έξι κομμάτια, ασφαλίστε το περνώντας μια οδοντογλυφίδα στη μέση.

47. Σάντουιτς ρολό τορτίγια με τυρί κόκκινης πιπεριάς

Φτιάχνει: 4 Σάντουιτς

ΣΥΣΤΑΤΙΚΑ:
- 4 Τορτίγια 10-12 ιντσών με αλεύρι
- 6 ουγγιές Harvarti ή Jack Cheese, σε λεπτές φέτες
- 1 φλιτζάνι Κονσερβοποιημένες ψητές κόκκινες πιπεριές, στραγγισμένες
- ¼ φλιτζάνι Φύλλα φρέσκου βασιλικού, συσκευασμένα
- 1 κουταλιά της σούπας βασαλμικό ξύδι
- 2 κουταλάκια του γλυκού Ελαιόλαδο

ΟΔΗΓΙΕΣ:
a) Επάλειψη κόκκινης πιπεριάς: Συνδυάστε όλα τα υλικά αλειμμένου σε έναν επεξεργαστή τροφίμων ή μπλέντερ. ανακατέψτε μέχρι να ομογενοποιηθεί. Ρίξτε σε ένα τηγάνι 2 λίτρων, βράστε και ανακατέψτε σε μέτρια προς δυνατή φωτιά μέχρι να μειωθεί στο ½ φλιτζάνι, περίπου 2 λεπτά.
b) Δροσερός. Σάντουιτς: Τοποθετήστε τις τορτίγιες σε επίπεδο. Απλώστε 2 κουταλιές της σούπας γέμιση κόκκινης πιπεριάς πάνω από την τορτίγια, αφήνοντας ένα κομμάτι φεγγαριού (πλάτος 1" στο μέσο) κατά μήκος 1 άκρης.
c) Μοιράστε το τυρί στις τορτίγιες, στρώνοντας σε μια στρώση στο κέντρο της τορτίγιας, παράλληλα με την απλή άκρη. αλείψτε ελαφρά την απλή άκρη με νερό.
d) Ξεκινώντας απέναντι από την απλή άκρη, τυλίξτε σφιχτά τορτίγια γύρω από τη γέμιση, ρίχνοντας μέσα το τυρί.
e) Πιέστε σταθερά πάνω στην υγρή άκρη για να σφραγιστεί. Αν ετοιμαστείτε, τυλίξτε αεροστεγώς και αφήστε το να κρυώσει μέχρι την επόμενη μέρα.
f) Κόψτε την τορτίγια διαγώνια σε φέτες πλάτους 2" και κλείστε σε μια πλαστική σακούλα για να τη μεταφέρετε.

48. Ρολάκια τορτίγιας γεμιστά με σπανάκι

Κάνει: 6 μερίδες

ΣΥΣΤΑΤΙΚΑ:
2 14 1/2 ουγκιές ανάλατα κουτ
1 φλιτζάνι ψιλοκομμένος φρέσκος βασιλικός
1 10 ουγκιές. pkg κατεψυγμένο ψιλοκομμένο sd
1 15 ουγκιές. χαρτοκιβώτιο lite ricotta ε
2 αυγά ελαφρά χτυπημένα
¼ κουταλάκι του γλυκού Αλάτι
6 τορτίγιες 8 ιντσών με αλεύρι
Λαχανικά σπρέι μαγειρικής
¼ φλιτζανιού Φρεσκοτριμμένη παρμεζά lite

ΟΔΗΓΙΕΣ:
a) Βάλτε την ντομάτα στον επεξεργαστή τροφίμων και χτυπήστε 6 με 8 φορές ή μέχρι να γίνει χοντρό πουρέ.
b) Μεταφέρετε την ντομάτα σε μια μέτρια κατσαρόλα, προσθέστε βασιλικό. Αφήνουμε να πάρει βράση, χαμηλώνουμε τη φωτιά και σιγοβράζουμε για 25 λεπτά, ανακατεύοντας συχνά.
c) Συνδυάστε το σπανάκι, το τυρί ρικότα, τα αυγά και το αλάτι, ανακατέψτε καλά. Ρίχνετε το μείγμα σπανάκι ομοιόμορφα στο κέντρο των τορτίγιων.
d) Τυλίξτε τις τορτίγιες, τοποθετήστε την πλευρά της ραφής προς τα κάτω σε ένα ταψί 13 x 9 x 2" επικαλυμμένο με μαγειρικό σπρέι.
e) Ρίχνουμε ένα κουτάλι το μείγμα ντομάτας πάνω από τις τορτίγιες και πασπαλίζουμε με τυρί παρμεζάνα.
f) Ψήνουμε στους 375 για 30 λεπτά ή μέχρι να ζεσταθεί καλά.

49. Τορτίγια λουκάνικου Pinwheels

Φτιάχνει: 3 μερίδες

ΣΥΣΤΑΤΙΚΑ:
1 κιλό λουκάνικο χύμα
1 μεγάλο Ματσάκι φρέσκα κρεμμυδάκια, ψιλά
Ψιλοκομμένο
1 μέτρια πράσινη πιπεριά, ψιλοκομμένη
1 φλιτζάνι Hash brown πατάτες, ξεπαγωμένες
4 Αυγά
¼ φλιτζάνι Νερό
2 πιπεριές Jalapeno, ψιλοκομμένες
¼ φλιτζάνι τυρί παρμεζάνα
Τορτίγιες
¼ κουταλάκι του γλυκού κόκκινο πιπέρι

ΟΔΗΓΙΕΣ:
a) Χτυπάμε τα αυγά και το νερό μαζί.
b) Καφέ λουκάνικο, κρεμμύδι και πιπεριά. διοχετεύω.
c) Προσθέστε τα αυγά και τα καστανά. ανακατεύουμε για 1 με 2 λεπτά ή μέχρι να ζεσταθούν οι πατάτες.
d) Προσθέστε την παρμεζάνα και ανακατέψτε μέχρι να λιώσουν και να ψηθούν τα αυγά.
e) Τοποθετήστε σε μια ζεστή τορτίγια με μαρούλι, σάλτσα πικάντε και τυρί τσέντσαρ. Τυλίγω.

50. Τροχοί τορτίγιας με μύτη

Κάνει: 6 μερίδες

ΣΥΣΤΑΤΙΚΑ:
κουτί 1 15 ουγκιές Σάλτσα ντομάτας χοντρή σάλσα
1 14 ουγκιές κονσέρβα ντομάτες σε κύβους με σκόρδο
¾ φλιτζάνι καστανό ρύζι ταχείας ψησίματος
½ φλιτζάνι Νερό
½ κουταλάκι του γλυκού Ζάχαρη
⅛ κουταλάκι του γλυκού Πιπέρι
15 ουγκιές μπορεί μαύρα φασόλια ή κόκκινα φασόλια?
ξεπλένεται και στραγγίζεται
½ κιλά Ψημένο μοσχαρίσιο κρέας σε λεπτές φέτες κομμένο σε λωρίδες
12 τορτίγιες από αλεύρι
Κρέμα γάλακτος; προαιρετικός
Πράσινα κρεμμύδια σε φέτες? επιλογή

ΟΔΗΓΙΕΣ:
Στο τηγάνι, ανακατέψτε την υπόλοιπη σάλσα, τις αστραγγισμένες ντομάτες με το σκόρδο, το άψητο ρύζι, το νερό, τη ζάχαρη και το πιπέρι. Φέρτε σε βρασμό. μειώστε τη θερμότητα. Σιγοβράζουμε, σκεπασμένο, για 12 με 14 λεπτά ή μέχρι να μαλακώσει το ρύζι. Ανακατέψτε τα φασόλια και το βόειο κρέας στο μείγμα ρυζιού. Σιγοβράζουμε, ακάλυπτα, για 5 λεπτά ή μέχρι να πήξει ελαφρώς. Εν τω μεταξύ, τυλίξτε τις τορτίγιες σε αλουμινόχαρτο. Ζεσταίνουμε στους 350 βαθμούς για 10 λεπτά. Ρίξτε ένα κουτάλι μείγμα ρυζιού σε ζεστές τορτίγιες. ρολό.

51. Ρολά τορτίγιας λαχανικών

Φτιάχνει: 28 ορεκτικά

ΣΥΣΤΑΤΙΚΑ:
- 8 δόρατα σπαραγγιών (πάχος 1/2 ίντσας). κομμένο
- 1 δοχείο των 8 ουγκιών χωρίς λιπαρά φυτικό τυρί κρέμα κήπου
- 4 τορτίγιες από αλεύρι (7 ή 8 ιντσών
- 1 μέτρια κόκκινη πιπεριά? κόψτε σε 24 λωρίδες (3x1/4 ίντσας).

ΟΔΗΓΙΕΣ:
a) Σε μέτριο τηγάνι, βράζουμε τα σπαράγγια σε μικρή ποσότητα βραστό νερό για 5 λεπτά ή μέχρι να γίνουν τραγανά. Στραγγίζουμε σε απορροφητικό χαρτί.
b) Απλώστε ¼ τυρί κρέμα πάνω από τορτίγια.
c) Στην τορτίγια τοποθετήστε 2 λόγχες σπαραγγιών με 3 σειρές από 2 λωρίδες πιπεριάς η καθεμία.
d) Τυλίγουμε σταθερά τις τορτίγιες.
e) Τυλίξτε ρολό σε πλαστική μεμβράνη. Βάζουμε στο ψυγείο για τουλάχιστον 30 λεπτά ή έως και 2 ώρες.
f) Για να σερβίρετε, κόψτε τα ρολά τορτίγιας σε φέτες 1 ίντσας. Πριν τις κόψετε σε φέτες, κόψτε και πετάξτε τις μη γεμάτες άκρες των ρολλών τορτίγιας.

52. Ρολά τορτίγια σάλσα γαλοπούλας και μαύρα φασόλια

Φτιάχνει: 1 μερίδα

ΣΥΣΤΑΤΙΚΑ:
½ φλιτζάνι Ξεπλυμένα στραγγισμένα μαύρα φασόλια σε κονσέρβα
1 μεγάλη ώριμη ντομάτα. σπόροι και ψιλοκομμένο
2 jalapeños τουρσί. σπόροι και ψιλοκομμένο, (φορέστε λαστιχένια γάντια)
4 κουταλάκια του γλυκού φρέσκο χυμό λεμονιού
½ κουταλάκι του γλυκού τσίλι σε σκόνη
½ ώριμο αβοκάντο Καλιφόρνιας
2 κουταλιές της σούπας απλό γιαούρτι με χαμηλά λιπαρά
4 τορτίγιες ολικής αλέσεως 10 ιντσών
½ κιλό στήθος γαλοπούλας ψητό σε λεπτές φέτες
1 φλιτζάνι συσκευασμένα κλωνάρια φρέσκου κόλιανδρου. πλύθηκε καλά, στεγνώσει και ψιλοκόφτηκε χοντρό
Μπορεί να παρασκευαστεί σε 45 λεπτά ή λιγότερο.

ΟΔΗΓΙΕΣ:
Σε ένα μπολ ανακατέψτε τα μαύρα φασόλια, τα jalapeños, 2 κουταλάκια του γλυκού χυμό λάιμ, τη σκόνη τσίλι και το αλάτι για γεύση.
Σε έναν επεξεργαστή τροφίμων πολτοποιήστε το αβοκάντο, το γιαούρτι, τα υπόλοιπα 2 κουταλάκια του γλυκού χυμό λάιμ και αλάτι για γεύση. (Εναλλακτικά, με ένα πιρούνι πολτοποιήστε το μείγμα αβοκάντο μέχρι να ομογενοποιηθεί.)
Απλώστε το μείγμα αβοκάντο ομοιόμορφα στις τορτίγιες και απλώστε τη γαλοπούλα σε όλη την τορτίγια ακριβώς κάτω από τη μέση. Γεμίστε τη γαλοπούλα με σάλσα και κόλιανδρο και τυλίξτε τις τορτίγιες σφιχτά, αφήνοντας τις άκρες ανοιχτές. Κόβουμε τις τορτίγιες διαγώνια στη μέση με ένα οδοντωτό μαχαίρι.

53. Τορτίγια μοσχαρίσιο ρόδες

Κάνει: 6 μερίδες

ΣΥΣΤΑΤΙΚΑ:
4 τορτίγιες από αλεύρι. 12 ιντσών
1 φλιτζάνι μπέικον ντιπ χρένο -Ή-
Μίγμα μαγιονέζας-μουστάρδας
12 ουγγιές ψητό μοσχαρίσιο κρέας, σπάνιο, κομμένο σε λεπτές
φέτες
Φύλλο μαρούλι

ΟΔΗΓΙΕΣ:
Αλείφουμε τη 1 πλευρά της τορτίγιας με αλεύρι με περίπου 2 κ.σ.
του ντιπ χρένου, καλύπτοντας ολόκληρη την τορτίγια.
Συμπληρώστε με 1 ή 2 φέτες ροστ μοσχάρι. Αλείφουμε με άλλες 2
κ.σ από το ντιπ χρένο.
Από πάνω ρίχνουμε τα φύλλα μαρουλιού. Τυλίγουμε σε ρολό σε
στυλ ζελέ, τοποθετούμε τη ραφή προς τα κάτω σε μια πιατέλα,
σκεπάζουμε και αφήνουμε να κρυώσει μέχρι την ώρα του
σερβιρίσματος.
Πριν το σερβίρετε, κόβετε το ρολό σταυρωτά στα τρίτα.

54. Κρεμμύδι με τυριά

Κάνει: 6 μερίδες

ΣΥΣΤΑΤΙΚΑ:
- 1 φλιτζάνι (8 oz.) κρέμα γάλακτος
- 8 ουγγιές Pkg. τυρί κρέμα μαλακωμένο
- ½ φλιτζάνι τυρί τσένταρ ψιλοκομμένο
- ¾ φλιτζάνι φρέσκα κρεμμυδάκια σε φέτες
- 1 κουταλιά της σούπας χυμό λάιμ
- 1 κουταλιά της σούπας πιπέρι jalapeno ψιλοκομμένο
- 10 ουγγιές Pkg. τορτίγιες από αλεύρι

ΟΔΗΓΙΕΣ:
a) Συνδυάστε τα πρώτα έξι συστατικά σε ένα μπολ. Ανακατέψτε καλά. Απλώνουμε στη μία πλευρά τις τορτίγιες και τυλίγουμε σφιχτά.
b) Τυλίγουμε και βάζουμε στο ψυγείο για τουλάχιστον 1 ώρα. Κόψτε σε κομμάτια 1".
c) Σερβίρουμε με σάλτσα πικάντε.

55. Ροδάκια με κοτόπουλο και μπρόκολο

Κάνει: 4 μερίδες

ΣΥΣΤΑΤΙΚΑ:
- 2 φλιτζάνια κοτόπουλο? μαγειρεμένο & σε κύβους
- 2 φλιτζάνια τυρί Monterey Jack, τριμμένο
- 1 κονσέρβα Σάλτσα τυριού? ή σάλτσα αλφρέντο? 10 oz
- 1 πακέτο Μπρόκολο Green Giant Frozen, κομμένο σε μικρά κομμάτια
- 8 τορτίγιες από αλεύρι. 8 ιντσών
- Πάπρικα

ΟΔΗΓΙΕΣ:
Προθερμαίνουμε το φούρνο στους 350°F. Ψεκάστε ένα ταψί 13x9 ιντσών (3 λίτρων) με αντικολλητικό μαγειρικό σπρέι.

Σε ένα μεγάλο μπολ, συνδυάστε το κοτόπουλο, 1 φλιτζάνι από το τυρί, τη σάλτσα τυριού και το μπρόκολο. Ανακατέψτε καλά.

Ρίξτε με κουτάλι γενναιόδωρες μερίδες μείγματος ½ φλιτζάνι κοτόπουλου στην τορτίγια. τυλίγουμε, κλείνοντας τη γέμιση. Τοποθετούμε στο ταψί με επικάλυψη με σπρέι. Σκεπάζουμε με αλουμινόχαρτο.

Ψήστε στους 350°F για περίπου 25 με 30 λεπτά ή μέχρι να ζεσταθεί καλά.

Αφαιρέστε το αλουμινόχαρτο. πασπαλίζουμε με το υπόλοιπο τυρί. Ψήστε άλλα 2 με 5 λεπτά για να λιώσει το τυρί. Πασπαλίζουμε με πάπρικα.

56. Pinwheels με τυρί Chile 'n

Φτιάχνει: 48 ορεκτικά

ΣΥΣΤΑΤΙΚΑ:
- 4 ουγγιές τυρί κρέμα, μαλακωμένο
- 1 φλιτζάνι τριμμένο τυρί Cheddar (4 ουγκιές)
- 1 κουτί (4 oz.) Ortega κομμένο σε κύβους πράσινα τσίλι
- ½ φλιτζάνι φρέσκα κρεμμυδάκια σε φέτες
- ½ φλιτζάνι ώριμες ελιές χωρίς κουκούτσι. ψιλοκομμένο
- 4 το καθένα (6 ίντσες) τορτίγιες από αλεύρι
- Σάλσα σε στυλ κήπου, προαιρετικά

Σε ένα μπολ, ανακατέψτε το τυρί, το τσίλι, το κρεμμύδι και τις ελιές. Απλώστε ½ φλιτζάνι μείγμα τυριού σε τορτίγια. Μόδα ζελέ-ρολό τορτίγιας σε ρολό. Τυλίξτε το ρολό σε πλαστική μεμβράνη και αφήστε το να κρυώσει για τουλάχιστον 1 ώρα.

Για να σερβίρετε, κόψτε το ρολό σε φέτες πάχους 12 (½ ίντσας). Σερβίρετε με σάλτσα, αν θέλετε.

57. Τροχοί καβουριού

Κάνει: 36 Μερίδες

ΣΥΣΤΑΤΙΚΑ:
4 ουγγιές τυρί κρέμα? Μαλακωμένο
2 κουταλιές της σούπας μαγιονέζα
2 κουταλάκια του γλυκού Έτοιμο χρένο
½ αβοκάντο; χωρίς κουκούτσι, ξεφλουδισμένο και ψιλοκομμένο
6 τορτίγιες 8 ιντσών με αλεύρι
8 ουγγιές Απομίμηση κρέατος καβουριού σε νιφάδες
¾ φλιτζάνι ψιλοκομμένη κόκκινη πιπεριά
⅓ φλιτζάνι φρέσκα κρεμμυδάκια σε φέτες
2¼ κουτί ώριμες ελιές σε φέτες. στραγγισμένο

ΟΔΗΓΙΕΣ:
a) Σε μπολ επεξεργαστή τροφίμων με μεταλλική λεπίδα ή δοχείο μπλέντερ, συνδυάστε το τυρί κρέμα, τη μαγιονέζα, το χρένο και το αβοκάντο. τη διαδικασία σε υψηλή ταχύτητα μέχρι να αναμειχθεί καλά.
b) Απλώστε ομοιόμορφα το μείγμα του τυριού κρέμα πάνω από τις τορτίγιες. Από πάνω τορτίγια με καβούρι, πιπεριά, κρεμμύδια και ελιές. Τυλίγουμε τορτίγια. τυλίξτε καλά σε πλαστική μεμβράνη. Αφήνουμε στο ψυγείο για τουλάχιστον 15 λεπτά ή όλη τη νύχτα.
c) Για να σερβίρετε, κόψτε τα ρολά διαγώνια σε φέτες πάχους ¾ ιντσών.

58. Συλλογές Ranchero

Κάνει: 4 μερίδες

ΣΥΣΤΑΤΙΚΑ:
2 φλιτζάνια ψιλοκομμένο κοτόπουλο
1 κουτί (14,5 oz) ντομάτες σε κύβους με πράσινη πιπεριά και κρεμμύδι
½ φλιτζάνι Σάλσα παχύρρευστη και χοντρή
1 κονσέρβα (4 oz) πράσινα τσίλι σε κύβους, στραγγισμένα
½ φλιτζάνι φρέσκα κρεμμυδάκια σε φέτες
4 τορτίγιες από αλεύρι
1 φλιτζάνι τυρί monterey jack χαμηλών λιπαρών, τριμμένο

ΟΔΗΓΙΕΣ:
Συνδυάστε το κοτόπουλο, τις ντομάτες, τη σάλσα, τα τσίλι και τα κρεμμύδια στο τηγάνι. μαγειρέψτε για 5 λεπτά, ανακατεύοντας κατά διαστήματα. Τυλίγουμε τις τορτίγιες σε πλαστική μεμβράνη και τις ζεσταίνουμε στο φούρνο μικροκυμάτων για 1 λεπτό ή μέχρι να ζεσταθούν. Κουτάλι ¼ από το μείγμα κοτόπουλου στο κέντρο της τορτίγιας. Συμπληρώστε με ¼ φλιτζάνι τυρί. Τυλίγουμε σε ρολό και σερβίρουμε.

59. Jalapeno roll-ups

Φτιάχνει: 1 μερίδα

ΣΥΣΤΑΤΙΚΑ:
8 ουγγιές τυρί κρέμα
1 κονσέρβα Πράσινα τσίλι? --ή--
2 Jalepenos; ψιλοκομμένο
10 μεγάλες μαλακές τορτίγιες
½ φλιτζάνι κρέμα γάλακτος
2 σάλτσα τάκο ή πικάντε

ΟΔΗΓΙΕΣ:
Σε ένα μπολ ανακατεύουμε το τυρί κρέμα, την κρέμα γάλακτος, τις πιπεριές και τη σάλτσα taco μέχρι να ομογενοποιηθούν. Απλώστε μια τορτίγια και απλώστε μια λεπτή στρώση από το μείγμα του τυριού κρέμα. Στη συνέχεια, τυλίγουμε σφιχτά την τορτίγια (σαν ρολό ζελέ). Τυλίγουμε σε μεμβράνη Saran και βάζουμε στο ψυγείο από 24 ώρες έως 4 ημέρες. Επαναλάβετε με τις υπόλοιπες τορτίγιες. Μετά την κατάψυξη, ξετυλίγουμε τα ρολά και τα κόβουμε σε χοντρές φέτες περίπου ¼ ιντσών. Σερβίρουμε σε πιατέλα με μαϊντανό ή μαρούλι Βοστώνης και μπορείς να σερβιρίσουμε με σάλτσα για βουτιά. Αυτή η συνταγή κάνει περίπου 80-100 φέτες.

60. Ρολά κοτόπουλου βατόμουρου

Φτιάχνει: 2 μερίδες

ΣΥΣΤΑΤΙΚΑ:
4 φλιτζάνια χόρτα σαλάτας & καρότα τριμμένα
2 φλιτζάνια ψιλοκομμένο, μαγειρεμένο κοτόπουλο
Βινεγκρέτ βατόμουρου χωρίς λιπαρά, για γεύση
Σουσάμι, για γεύση
2 τορτίγιες 8 ιντσών

ΟΔΗΓΙΕΣ:
a) Συνδυάστε τη σαλάτα, το κοτόπουλο, τη βινεγκρέτ και το σουσάμι σε ένα μέτριο μπολ.
b) Μοιράζουμε το μείγμα στις τορτίγιες. Διπλώστε την αριστερή και τη δεξιά πλευρά της τορτίγιας πάνω από το μείγμα κοτόπουλου, περίπου 2 ίντσες.
c) Τυλίξτε καλά μακριά από εσάς και στερεώστε με δύο οδοντογλυφίδες (μία στο πλάι).
d) Κόβουμε τα ρολά στη μέση και σερβίρουμε.

61. Ρολά τορτίγιας λουκάνικου

Φτιάχνει: 3 μερίδες

ΣΥΣΤΑΤΙΚΑ:
1 κιλό λουκάνικο χύμα
1 μεγάλο Ματσάκι φρέσκα κρεμμυδάκια, ψιλοκομμένα
1 μέτρια πράσινη πιπεριά, ψιλοκομμένη
1 φλιτζάνι Hash brown πατάτες, ξεπαγωμένες
4 Αυγά
¼ φλιτζάνι Νερό
2 πιπεριές Jalapeno, ψιλοκομμένες
¼ φλιτζάνι τυρί παρμεζάνα
Τορτίγιες
¼ κουταλάκι του γλυκού κόκκινο πιπέρι

ΟΔΗΓΙΕΣ:
Χτυπάμε τα αυγά και το νερό μαζί. Καφέ λουκάνικο, κρεμμύδι και πιπεριά. διοχετεύω. Προσθέστε τα αυγά και τα καστανά. ανακατεύουμε για 1 με 2 λεπτά ή μέχρι να ζεσταθούν οι πατάτες. Προσθέστε την παρμεζάνα και ανακατέψτε μέχρι να λιώσουν και να ψηθούν τα αυγά. Τοποθετήστε σε μια ζεστή τορτίγια με μαρούλι, σάλτσα πικάντε και τυρί τσένταρ. Τυλίγω.

62. Ρολά αβοκάντο γαλοπούλας

Κάνει: 4 μερίδες

ΣΥΣΤΑΤΙΚΑ:
4 τορτίγιες από αλεύρι. (10 ιντσών)
1 κιλό καπνιστή γαλοπούλα σε φέτες
2 φλιτζάνια ψιλοκομμένο μαρούλι iceberg
⅓ φλιτζάνι Τριμμένο κοφτερό τυρί Cheddar
1 ώριμο αβοκάντο? ξεφλουδισμένα και κομμένα σε κύβους
½ φλιτζάνι ντρέσινγκ Thousand Island

ΟΔΗΓΙΕΣ:
a) Ζεσταίνουμε ένα τηγάνι ή τηγάνι σε μέτρια φωτιά. Προσθέστε μια τορτίγια και ζεστάνετε, γυρίζοντας συχνά, μέχρι να μαλακώσει και να γίνει εύπλαστη. Επαναλάβετε με τις υπόλοιπες τορτίγιες.
b) Μοιράζουμε τη γαλοπούλα στις τορτίγιες. Ρίξτε μαρούλι, τυρί, αβοκάντο και dressing Thousand Island σε ένα μπολ. Από πάνω τορτίγια με ⅔ φλιτζάνι μείγμα μαρουλιού. Κυλήστε επάνω.

63. Παιδικοί τροχοί

Φτιάχνει: 1 μερίδα

ΣΥΣΤΑΤΙΚΑ:
- 1 τορτίγιες αλεύρι χωρίς λιπαρά ή αρμένικο πλακέ ψωμί
- 1 φέτες μεσημεριανού γεύματος χωρίς λιπαρά,
- 1 τυρί κρέμα χωρίς λιπαρά ή/και
- Μαγιονέζα και/ή μουστάρδα χωρίς λιπαρά
- 1 Μαρούλι ή/και φύτρα
- 1 φέτες ντομάτας
- 1 τουρσί ή φρέσκια πιπεριά Φέτες

ΟΔΗΓΙΕΣ:
Απλώστε ένα dressing στην τορτίγια, βάλτε από πάνω τα αγαπημένα σας toppings, όχι πολύ πηχτό ή δεν θα κυλήσει. Τυλίξτε, τυλίξτε και πάρτε το για μεσημεριανό γεύμα.
Ή, τυλίξτε ένα μάτσο σε ρολό, στη συνέχεια κόψτε προσεκτικά σε φέτες πάχους περίπου 1½ ίντσας, τοποθετήστε το σε μια πιατέλα με επένδυση μαρουλιού και σερβίρετε ως φαγητό για πάρτι.

ΡΟΔΟΙ ΖΑΧΑΡΟΠΛΑΣΤΙΚΗΣ PHYLLO

64. Φακές ρολά

Κάνει: 33 μερίδες

ΣΥΣΤΑΤΙΚΑ:
1 φλιτζάνι μαγειρεμένες φακές Laird
2 κουταλιές της σούπας τυρί παρμεζάνα? τριμμένο [προαιρετικά]
1 κουταλιά της σούπας Κρεμμύδι? ψιλοκομμένο
¼ κουταλάκι του γλυκού Ρίγανη? ξερό, θρυμματισμένο
¼ κουταλάκι του γλυκού Θυμάρι? ξερό, θρυμματισμένο
⅛ κουταλάκι του γλυκού μαύρο πιπέρι
1 σκελίδα σκόρδο? κιμάς
1 κιλό Pkg φύλλο ζαχαροπλαστικής
2 κουταλιές της σούπας λάδι Canola

ΟΔΗΓΙΕΣ:
a) Πολτοποιήστε τις μαγειρεμένες φακές. Προσθέστε το τυρί, το κρεμμύδι και τα μπαχαρικά. Ανακατέψτε καλά.
b) Προθερμάνετε το φούρνο στους 325 F. Κόβετε μεμονωμένα φύλλα ζαχαροπλαστικής σε κομμάτια 6"x8" και αλείφετε με λάδι. Απλώνουμε 1 κουταλάκι του γλυκού γέμιση κατά μήκος της μίας άκρης του φύλλου και αναποδογυρίζουμε μία φορά.
c) Γυρίστε τις άκρες ζαχαροπλαστικής και τυλίξτε σαν πούρο. Επαναλαμβάνω.
d) Τοποθετήστε τα γεμιστά αρτοσκευάσματα σε ένα αντικολλητικό ταψί.
e) Ψήνουμε στους 325 για 15-20 λεπτά μέχρι να ροδίσουν.

65. Ρολά Apple-phyllo

Κάνει: 30 μερίδες

ΣΥΣΤΑΤΙΚΑ:
Σπρέι μαγειρικής λαχανικών με γεύση βουτύρου
2 φλιτζάνια μήλο? σε κύβους
12 κουταλάκια του γλυκού αλεσμένη κανέλα
¼ κουταλάκι του γλυκού αλεσμένο μοσχοκάρυδο
1 ½ κουταλάκι του γλυκού καστανή ζάχαρη
9 Φύλλα εμπορικής κατεψυγμένης φυλλοζύμης. ξεπαγωμένο
3 κουταλιές της σούπας ζάχαρη άχνη? κοσκινισμένος
1 κουταλάκι του γλυκού εκχύλισμα βανίλιας
½ κουταλάκι του γλυκού νερό

ΟΔΗΓΙΕΣ:

Καλύψτε ένα αντικολλητικό τηγάνι με μαγειρικό σπρέι. τοποθετήστε σε μέτρια φωτιά μέχρι να ζεσταθεί. Προσθέστε μήλο κομμένο σε κύβους. σοτάρουμε για 8 με 10 λεπτά, ανακατεύοντας συχνά.

Προσθέστε κανέλα, μοσχοκάρυδο και καστανή ζάχαρη. στραγγίζουμε καλά και μαγειρεύουμε άλλα 3 λεπτά. Αποσύρουμε από τη φωτιά, και αφήνουμε να κρυώσει.

Καλύψτε μια επίπεδη επιφάνεια με μαγειρικό σπρέι.

Τοποθετήστε 1 φύλλο φύλλου στην επιφάνεια (διατηρήστε το υπόλοιπο φύλλο σκεπασμένο).

Επικαλύψτε το phyllo με μαγειρικό σπρέι με γεύση βουτύρου.

Στρώνουμε 2 ακόμη φύλλα φύλλο στο πρώτο φύλλο, επικαλύπτοντας με μαγειρικό σπρέι. ΚΟΨΤΕ Κατακόρυφα σε 5 ίσες λωρίδες. κόψτε τις λωρίδες στη μέση για να κάνετε 10 κομμάτια.

Επαναλάβετε τη διαδικασία με τα υπόλοιπα φύλλα φύλλου, ψεκάζοντας το φύλλο με μαγειρικό σπρέι.

Κουτάλι 1½ κουταλάκι του γλυκού μείγμα μήλου στη βάση της λωρίδας. ρολό, μόδα ρολό ζελέ. Τοποθετούμε με την πλευρά της ραφής προς τα κάτω, σε ένα ταψί στρωμένο με μαγειρικό σπρέι.

Ψήνετε στους 375 βαθμούς για 30 με 35 λεπτά ή μέχρι να ροδίσουν.

Αφαιρέστε στη σχάρα για να κρυώσει ελαφρώς.

Συνδυάστε τα υπόλοιπα υλικά σε ένα μικρό μπολ. Ανακατέψτε καλά. Περιχύστε 1 ½ ts γλάσο σε ρολό. Σερβίρετε ζεστό.

66. **Ρολά ζαμπόν**

Φτιάχνει: 15 ορεκτικά

ΣΥΣΤΑΤΙΚΑ:
4 ουγγιές Φύτρα φασολιών, ψιλοκομμένα
1 φλιτζάνι ψιλοκομμένο πλήρως μαγειρεμένο καπνιστό ζαμπόν
1 μικρό κρεμμύδι, ψιλοκομμένο
1 κουταλιά της σούπας μαργαρίνη ή βούτυρο
2 φλιτζάνια σπανάκι σε μπουκιές
½ φλιτζάνι νεροκάστανα ψιλοκομμένα
1 κουταλιά της σούπας ψιλοκομμένο gingerroot
2 κουταλάκια του γλυκού άμυλο καλαμποκιού
2 κουταλάκια του γλυκού σάλτσα σόγιας
5 κατεψυγμένα φύλλα φυλλώματος, αποψυγμένα
1 κουταλιά της σούπας μαργαρίνη ή βούτυρο, λιωμένο
2 κουταλιές της σούπας ξηρή μουστάρδα
1 κουταλιά της σούπας συν 1 1/2 κουταλάκι του γλυκού κρύο νερό

ΟΔΗΓΙΕΣ:

Ξεπλύνετε τα φύτρα φασολιών κάτω από τρεχούμενο κρύο νερό. διοχετεύω. Μαγειρέψτε και ανακατέψτε το ζαμπόν, το κρεμμύδι και 1 κουταλιά της σούπας μαργαρίνη σε τηγάνι 10 ιντσών μέχρι να μαλακώσει το κρεμμύδι.

Ανακατέψτε τα φύτρα φασολιών, το σπανάκι, τα νεροκάστανα και το gingerroot. μαγειρεύουμε και ανακατεύουμε για 2 λεπτά.

Ανακατεύουμε με άμυλο καλαμποκιού και σάλτσα σόγιας.

Κόψτε τη στοίβα των φύλλων φύλλων κατά μήκος στη μέση.

Κόψτε το μισό σταυρωτά σε τρίτα για να κάνετε 30 τετράγωνα, περίπου 5½ x 5 ½ ίντσες.

Καλύψτε τα τετράγωνα με κερωμένο χαρτί και μετά με υγρή πετσέτα για να μην στεγνώσουν.

Προθερμάνετε το φούρνο στους 350 F. Για ρολό, χρησιμοποιήστε 2 τετράγωνα φύλλου. Τοποθετήστε περίπου 2 κουταλιές της σούπας μείγμα ζαμπόν λίγο κάτω από το κέντρο του τετραγώνου. Διπλώστε τη γωνία του τετραγώνου που βρίσκεται πιο κοντά στη γέμιση πάνω από τη γέμιση, το σημείο τύλιξης κάτω από τη γέμιση. Διπλώστε και επικαλύπτετε τις 2 απέναντι γωνίες.

Κυλήστε επάνω? τοποθετήστε τη ραφή προς τα κάτω σε λαδωμένο φύλλο μπισκότων. Επαναλάβετε με τα υπόλοιπα τετράγωνα φύλλου. Αλείφουμε τα roqls με 1 κουταλιά της σούπας μαργαρίνη. Ψήνουμε μέχρι να ροδίσουν, περίπου 25 λεπτά.

Ανακατέψτε τη μουστάρδα και το νερό μέχρι να ομογενοποιηθούν. αφήστε να σταθεί 5 λεπτά. Σερβίρουμε με ρολά. 15 ορεκτικά? 75 θερμίδες ανά ορεκτικό.

Συμβουλή: Πριν το ψήσιμο, τοποθετήστε τα ρολά σε λαδόκολλα. Καλύψτε σφιχτά με πλαστική μεμβράνη. Διατηρήστε στο ψυγείο έως και 24 ώρες. Αλείφουμε τα ρολά με μαργαρίνη. Ψήνουμε σε φούρνο στους 350F μέχρι να ροδίσουν, περίπου 25 λεπτά.

67. Ρολά αρνιού φύλλου

Κάνει: 6 μερίδες

ΣΥΣΤΑΤΙΚΑ:
5 κουταλιές της σούπας Εξαιρετικό παρθένο ελαιόλαδο
6 κουταλιές της σούπας ανάλατο βούτυρο
1 μεγάλο κρεμμύδι? ψιλοκομμένο
1½ κιλό άπαχο αρνί, ψιλοτριμμένο
2 μεγάλες ώριμες ντομάτες. ξεφλουδισμένο, κομμένο σε κύβους
1 κουταλάκι του γλυκού Μέλι
1 κουταλιά της σούπας αλεσμένη κανέλα? Ή για γεύση
½ κουταλάκι του γλυκού θαλασσινό αλάτι; Ή για γεύση
1 κουταλάκι του γλυκού Σπασμένο μαύρο πιπέρι Ή για γεύση
Αχνη ζάχαρη
¼ φλιτζανιού Μειωμένο ζωμό κρέατος
1 ½ κουταλιά της σούπας ψιλοκομμένος πλατύφυλλος μαϊντανός
1 φλιτζάνι φρέσκο τυρί μυζήθρα
⅓ φλιτζάνι τυρί φέτα ψιλοτριμμένη
½ κουταλάκι του γλυκού τριμμένο μοσχοκάρυδο
2 κρόκοι αυγών
12 φύλλα Phyllo
Κανέλα

ΟΔΗΓΙΕΣ:
Ζεσταίνουμε 1 κουταλιά της σούπας ελαιόλαδο και 2 κουταλιές της σούπας βούτυρο σε ένα βαρύ τηγάνι και σοτάρουμε το κρεμμύδι σε χαμηλή φωτιά μέχρι να μαλακώσει, περίπου 8 λεπτά. Ανεβάζουμε τη φωτιά, προσθέτουμε το κρέας και σοτάρουμε μέχρι να ροδίσει ελαφρά, σπάζοντας τυχόν σβόλους με μια ξύλινη κουτάλα. Προσθέστε τις ντομάτες, το μέλι, την κανέλα, το αλάτι και ½ κουταλάκι του γλυκού πιπέρι και αφήστε να πάρει μια βράση. Προσθέστε τον ζωμό, αφήστε να πάρει μια βράση, μειώστε τη φωτιά και σιγοβράστε για 15 λεπτά ή μέχρι να εξατμιστούν σχεδόν όλα τα υγρά.

Προσθέστε τη μαντζουράνα και το μαϊντανό και επιπλέον κανέλα, μαντζουράνα και πιπέρι για γεύση (μην αλατίζετε σε αυτό το σημείο, γιατί το μείγμα τυριών είναι αλμυρό). Αφήνουμε στην άκρη ή βάζουμε στο ψυγείο για έως και 24 ώρες.

Προθερμάνετε το φούρνο στους 375 F. Πιέστε τη μυζήθρα μέσα από ένα κόσκινο ή μύλο τροφίμων σε ένα μπολ. Ανακατεύουμε με τη φέτα, το μοσχοκάρυδο, το υπόλοιπο ½ κουταλάκι του γλυκού πιπέρι και τους κρόκους των αυγών, σκεπάζουμε και αφήνουμε στην άκρη.

Ανακατέψτε τις υπόλοιπες 4 κουταλιές της σούπας βούτυρο και ελαιόλαδο σε μια μικρή κατσαρόλα και λιώστε σε πολύ χαμηλή φωτιά. Αλείψτε ένα βαρύ ταψί με λίγο από αυτό το μείγμα. Στρώνουμε τα φύλλα το ένα πάνω στο άλλο και κόβουμε σταυρωτά στη μέση ώστε να γίνουν 24 φύλλα. Τυλίξτε ξανά σφιχτά τα μισά φύλλα και βάλτε τα στο ψυγείο. Στρώνουμε 1 από τα υπόλοιπα φύλλα σε μια καθαρή επιφάνεια εργασίας, με μια μακριά άκρη προς το μέρος σας, και αλείφουμε ελαφρά με το μείγμα βουτύρου. Στρώνουμε από πάνω ένα δεύτερο φύλλο, το αλείφουμε με το μείγμα και επαναλαμβάνουμε με ένα τρίτο φύλλο. Στρώνουμε άλλο ένα φύλλο από πάνω. Χωρίζουμε το μείγμα του κρέατος σε 6 μερίδες. Τοποθετήστε 1 μερίδα στο κάτω τρίτο του πάνω φύλλου και πλάθετε σε ένα λουκάνικο μήκους περίπου 8 ιντσών. Χωρίζουμε τη γέμιση τυριού σε 6 δόσεις και απλώνουμε 1 μερίδα πάνω στο κρέας. Διπλώστε τις κάτω άκρες των στρώσεων φύλλου πάνω από τη γέμιση και μετά διπλώστε τις 2 πλευρές, και τυλίγουμε για να φτιάξουμε ένα σταθερό τακτοποιημένο δέμα. Τοποθετούμε στο ταψί και επαναλαμβάνουμε με το υπόλοιπο φύλλο και τη γέμιση.

Αλείψτε τα ρολά με το υπόλοιπο μείγμα βουτύρου και ψήστε για 25 με 30 λεπτά ή μέχρι να ροδίσουν. Στραγγίζουμε σε απορροφητικό χαρτί, πασπαλίζουμε άφθονα με τη ζάχαρη και την κανέλα των ζαχαροπλαστών και μεταφέρουμε σε ζεστή πιατέλα.

68. Ρολά αυγών Phyllo

Κάνει: 6 μερίδες

ΣΥΣΤΑΤΙΚΑ:
- 1 κοτσάνι σέλινο, κομμένο σε ψιλή ζουλιέν
- 2 κοτσάνια λάχανο bok choy, κομμένο σε λεπτή ζουλιέν
- ¼ Κόκκινο κρεμμύδι, μέτριο, κομμένο σε λεπτή ζουλιέν
- 4 αρακά χιονιού, κομμένα σε ψιλή ζουλιέν
- 2 κρεμμυδάκια, κομμένα σε ψιλή ζουλιέν
- ¾ φλιτζάνι Πράσινο λάχανο, ψιλοκομμένο
- 2 κουταλιές της σούπας Κόκκινη πιπεριά, ψιλοκομμένη
- 1 κουταλιά της σούπας σάλτσα σόγιας με μειωμένο νάτριο
- 2 κουταλάκια του γλυκού Sherry
- 1 κουταλάκι του γλυκού ξύδι από κρασί ρυζιού
- 1 κουταλάκι του γλυκού κρασί από δαμάσκηνο
- ¼ κουταλάκι του γλυκού πιπέρι καγιέν
- ¼ κουταλάκι του γλυκού Αλεσμένος κόλιανδρος
- 2 κουταλιές της σούπας Φυτικό λάδι
- 1 κουταλάκι του γλυκού Gingerroot, τριμμένο φρέσκο
- ½ κουταλάκι του γλυκού σκόρδο, ψιλοκομμένο
- 2 κουταλιές της σούπας κόλιανδρο, ψιλοκομμένο φρέσκο ή μαϊντανό
- ¼ φλιτζάνι φύτρα φασολιών
- 1 κουταλάκι του γλυκού Σκούρο σησαμέλαιο
- 6 φύλλα φυλλόζυμη
- Σπρέι φυτικού ελαίου

ΟΔΗΓΙΕΣ:
a) Ανακατεύουμε με λάδι τα λαχανικά εκτός από τα φύτρα φασολιών. Σε ένα μικρό μπολ, συνδυάστε τα υγρά καρυκεύματα, το πιπέρι καγιέν και τον κόλιανδρο.
b) Ζεσταίνουμε το λάδι σε ένα γουόκ ή μεγάλο τηγάνι σε δυνατή φωτιά. Προσθέστε το τζίντζερ και το σκόρδο και ανακατέψτε, ανακατεύοντας συνεχώς, για 30 δευτερόλεπτα ή μέχρι να μυρίσουν. Προσθέστε τα λαχανικά και τηγανίστε τα για 2 λεπτά ή μέχρι να ψηθούν ελαφρώς αλλά να γίνουν ακόμα τραγανά. Προσθέτουμε τα υγρά και ανακατεύουμε για 1 λεπτό.

c) Αποσύρουμε από τη φωτιά και προσθέτουμε τον κόλιανδρο, τα φύτρα φασολιών και το σησαμέλαιο. Αφήνω στην άκρη.

d) Προθερμαίνουμε το φούρνο στους 375 βαθμούς. Διαχωρίστε προσεκτικά ένα φύλλο φύλλου και τοποθετήστε περίπου ¾ φλιτζάνι από τη γέμιση λαχανικών στο κέντρο ενός από τα μικρότερα άκρα του ορθογωνίου. Διπλώνουμε τα πλαϊνά γύρω από τη γέμιση για να την κλείσουμε και στη συνέχεια τυλίγουμε το φύλλο σε ρολό αυγού. Τοποθετούμε σε ταψί με τη ραφή προς τα κάτω.

e) Ψεκάστε ελαφρά τα ρολά με σπρέι φυτικού ελαίου και μερλούκιο για 10 έως 12 λεπτά στο κέντρο του φούρνου ή μέχρι να ροδίσουν τα ρολά.

69. Πικάντικα ρολά από φύλλο κοτόπουλου

Κάνει: 24 μερίδες

ΣΥΣΤΑΤΙΚΑ:

3 φλιτζάνια ζωμός κοτόπουλου? ή νερό

2 Ολόκληρα στήθη κοτόπουλου, χωρίς κόκαλα, χωρίς πέτσα

1 φλιτζάνι κρέμα γάλακτος χαμηλών λιπαρών

3 κουταλιές της σούπας ψιλοκομμένο κρεμμύδι

2 κουταλιές της σούπας φρέσκος χυμός λάιμ

1 πιπεριά τσίλι Jalapeno; σπόροι και κιμάς

1 κουταλάκι του γλυκού Κύμινο

2 ασπράδια αυγών? χτυπημένος με

2 κουταλιές της σούπας Νερό

12 φύλλα φύλλο ζαχαροπλαστικής. ξεπαγώσει και μισοκόλλησε

Salsa; για συνοδεία

ΟΔΗΓΙΕΣ:

Σε ένα βαθύ τηγάνι 12" βάλτε το ζωμό ή το νερό να βράσει και προσθέστε το κοτόπουλο σε μια στρώση. Χαμηλώστε τη φωτιά και σιγοβράστε το κοτόπουλο, γυρίζοντάς το μία φορά, 7 λεπτά. Αφαιρέστε το τηγάνι από τη φωτιά και κρυώστε το κοτόπουλο σε υγρό για 20 λεπτά.

Κόψτε το κοτόπουλο σε κομμάτια ¼".

Σε μεγάλο μπολ ανακατεύουμε μαζί το κοτόπουλο, την κρέμα γάλακτος, το κρεμμύδι, το χυμό λάιμ, το jalapeno, το κύμινο και αλατοπίπερο για γεύση. Η ψύξη κάλυψε τουλάχιστον 2, αλλά όχι περισσότερο από 3, ώρες.

Προθερμαίνουμε τον φούρνο στους 400° και καλύπτουμε ελαφρά 2 φύλλα ψησίματος με μαγειρικό σπρέι.

Στην επιφάνεια εργασίας τοποθετήστε 1 ορθογώνιο φύλλου με κοντή πλευρά στραμμένη προς εσάς και βουρτσίστε ελαφρά με το πλύσιμο των αυγών. Βάλτε 1 γεμάτη κουταλιά της σούπας γέμιση στο κέντρο του κάτω τρίτου του ορθογωνίου και διπλώστε τις μακριές πλευρές για να καλύψετε τη γέμιση. Αλείψτε ελαφρά το διπλωμένο φύλλο με αυγόπλυμα και τυλίξτε το ρολό με ζελέ. Επαναλάβετε με τα υπόλοιπα υλικά.

Τοποθετήστε τα ρολά, με τη ραφή προς τα κάτω, σε ταψί και ψήστε τα σε παρτίδες στη μέση του φούρνου για 20 με 30 λεπτά ή μέχρι να ροδίσουν.

70. Καπνιστά ψάρια ρολά

Φτιάχνει: 1 μερίδα

ΣΥΣΤΑΤΙΚΑ:
8 ουγγιές Καπνιστό ψάρι. νιφάδες
¼ φλιτζάνι μαγιονέζα ή ντρέσινγκ σαλάτας
1 κουταλιά της σούπας χυμό λεμονιού
1 κουταλάκι του γλυκού Χρένο
1 κουταλάκι του γλυκού τριμμένο κρεμμύδι
Ζύμη για κρούστα 9 ιντσών
Πάπρικα

ΟΔΗΓΙΕΣ:
Ανακατέψτε καλά τη μαγιονέζα και τα καρυκεύματα. Χωρίζουμε τη ζύμη στη μέση. Τυλίγουμε το μισό σε πολύ λεπτούς κύκλους 9". Αλείφουμε κύκλο με το μισό μείγμα ψαριού. Κόβουμε σε 16 κομμάτια σε σχήμα σφήνας. Τυλίγουμε με ρολό ζελέ, ξεκινώντας από τη στρογγυλή άκρη.

Τοποθετούμε σε ταψί 15x10x1 ίντσας. Τρυπήστε τις κορυφές για να διαφύγει ο ατμός.

Πασπαλίζουμε με πάπρικα. Ψήνουμε σε πολύ ζεστό φούρνο στους 450 για 10 με 15 λεπτά ή μέχρι να ροδίσουν ελαφρά. Κάνει 32 ωράρια.

Μπορεί να ετοιμαστεί από πριν, να καλυφθεί με χαρτί κεριού και να καταψυχθεί μέχρι να είναι έτοιμο για ψήσιμο.

71. Ροδάκια με λουκάνικο και κρέμα τυριού

Κάνει: 12

ΣΥΣΤΑΤΙΚΑ:
- 1 κιλό χύμα χοιρινό λουκάνικο
- 2 συσκευασίες (8 ουγγιές) ρολά μισοφέγγαρου ψυγείου
- 1 (8 ουγκιές) συσκευασία τυρί κρέμα, μαλακωμένο

ΟΔΗΓΙΕΣ:
Μαγειρέψτε και ανακατέψτε το λουκάνικο σε ένα μεγάλο τηγάνι σε μέτρια προς δυνατή φωτιά μέχρι να ροδίσει και να γίνει εύθρυπτο, περίπου 10 λεπτά. στραγγίστε και πετάξτε το λίπος. Απλώστε ζύμη από ένα μισοφέγγαρο συσκευασίας σε μια επιφάνεια εργασίας. τσιμπήστε τις διατρήσεις μεταξύ τους για να δημιουργήσετε ένα μόνο φύλλο ζύμης. Απλώστε το 1/2 του τυριού κρέμα πάνω από τη ζύμη, αφήνοντας ένα περιθώριο 1/2 ίντσας στην άκρη. Πασπαλίστε ομοιόμορφα το 1/2 του μαγειρεμένου λουκάνικου πάνω από το τυρί κρέμα. Ξεκινώντας από μια μακριά άκρη, τυλίξτε τη ζύμη γύρω από τη γέμιση σε ένα κούτσουρο. τυλίξτε σε πλαστική μεμβράνη ή λαδόκολλα. Επαναλάβετε για να φτιάξετε και τυλίξτε ένα δεύτερο ρολό. Ψύξτε τα ρολά μέχρι να σφίξουν, τουλάχιστον 1 ώρα. Προθερμάνετε το φούρνο στους 375 βαθμούς Φ (190 βαθμοί C). Βγάζουμε τα ρολά από το ψυγείο και τα ξετυλίγουμε. Κόβουμε τα ρολά σε φέτες πάχους 1/2 ίντσας και τα τοποθετούμε σε ένα ταψί.
Ψήνουμε στον προθερμασμένο φούρνο μέχρι να ροδίσουν, για 10 με 15 λεπτά.

72. Τροχοί με ρολό βοτάνων μισοφέγγαρου

Κάνει: 6

ΣΥΣΤΑΤΙΚΑ:
- 1/4 φλιτζάνι φρέσκο μαϊντανό
- 2 κουταλιές της σούπας φρέσκο δεντρολίβανο
- 2 κουταλιές της σούπας φρέσκια ρίγανη
- 3/4 stick (6 κουταλιές της σούπας) βούτυρο, μαλακωμένο
- 1 κουταλάκι του γλυκού ψιλοκομμένο σκόρδο
- Ρολό μισοφέγγαρου ψυγείου 1 (8 oz).

ΟΔΗΓΙΕΣ:
Προθερμάνετε το φούρνο στους 400°F. Ψιλοκόψτε τον μαϊντανό, το δεντρολίβανο και τη ρίγανη. Σε ένα μικρό μπολ, ανακατέψτε το βούτυρο, τα μυρωδικά και το σκόρδο. Αλατοπιπερώνουμε.
Σε ένα μεγάλο φύλλο λαδόκολλας, ξετυλίξτε τη ζύμη, πιέζοντας σταθερά τις τρύπες για να δημιουργήσετε 1 μεγάλο φύλλο. Αλείφουμε το μυρωδικό βούτυρο πάνω από τη ζύμη.
Ξεκινώντας από τη κοντή πλευρά του ορθογωνίου, τυλίγουμε τη ζύμη με ρολό σε στυλ ζελέ-ρολό. Χρησιμοποιώντας ένα οδοντωτό μαχαίρι, κόψτε σε φέτες πάχους ½ ίντσας.
Τοποθετήστε τις φέτες σε ένα ταψί στρωμένο με περγαμηνή και ψήστε για 15 λεπτά, μέχρι να ροδίσουν.

ΜΙΣΗΝΟ ΡΟΛΟ ΡΟΔΟΙ

73. Κινέζικες ρόδες

Φτιάχνει: 1 συνταγή

ΣΥΣΤΑΤΙΚΑ:
½ κιλά κιμάς μοσχαρίσιος
1 Env. Μοσχαρίσιο μανιτάρι Liptons
Σούπα
1 φλιτζάνι Φύτρα φασολιών, στραγγισμένα καλά
½ φλιτζάνι κάστανα νερού κομμένα σε κύβους
2 κουταλάκια του γλυκού κρεμμύδια ψιλοκομμένα
2 συσκευασίες Crescent Rolls

ΟΔΗΓΙΕΣ:
Καφέ βόειο κρέας με κρεμμύδια.
Προσθέστε το μείγμα της σούπας, τα φύτρα φασολιών, τα κάστανα νερού και ανακατέψτε μαζί.
Κόψτε τα ρολά Crescent κατά μήκος και απλώστε τις άκρες σφράγισης με τις άκρες των δακτύλων. Ρίχνετε το μείγμα του κρέατος στο κέντρο της λωρίδας και τυλίγετε σε ρολό.
Κόψτε σε κομμάτια περίπου 1½" με ένα κοφτερό μαχαίρι ή ένα κοφτερό ψαλίδι και τοποθετήστε τα σε λαμαρίνα. Ψήστε στα 375~ 15 λεπτά ή μέχρι να ροδίσουν.

74. Τυροτροχοί από σπανάκι

Φτιάχνει: 16 ορεκτικά

ΣΥΣΤΑΤΙΚΑ:
- 1 κονσέρβα Ψυγμένα ρολά μισοφέγγαρου
- 8 μεγάλα φύλλα φρέσκου σπανακιού
- 6 κουταλιές της σούπας τυρί κρέμα από βότανο σκόρδο. μαλάκωσε

ΟΔΗΓΙΕΣ:
a) Προθερμαίνουμε τον φούρνο στους 350~. Ξετυλίξτε τη ζύμη σε 2 μακριά ορθογώνια.
b) Πρώτα τρυπήστε τις διατρήσεις για να σφραγίσετε. Αλείφουμε με τυρί κρέμα σε απόσταση 14" από τις άκρες και από πάνω ρίχνουμε φύλλα σπανακιού.
c) Ξεκινώντας από τη συντομότερη πλευρά, τυλίξτε το ορθογώνιο. πιέστε τις άκρες για να σφραγιστούν. Κόβουμε το ρολό σε 8 φέτες.
d) Τοποθετούμε, με την κομμένη πλευρά προς τα κάτω, σε μη λαδωμένη λαμαρίνα.
e) Ψήνουμε στους 350~ για 12-18 λεπτά, ή μέχρι να ροδίσουν.
f) Αφαιρέστε αμέσως από το φύλλο cookie. Σερβίρετε ζεστό.

75. Τροχοί με τυρί κρέμα σοκολάτας

Κάνει: 6 μερίδες

ΣΥΣΤΑΤΙΚΑ:
- 1 συσκευασία (8 oz) ρολά μισοφέγγαρου μισοφέγγαρου
- 4 ουγγιές τυρί κρέμα? μαλάκωσε
- 2 κουταλιές της σούπας μαρμελάδα βερίκοκο
- ½ φλιτζάνι ημίγλυκα κομματάκια σοκολάτας, μινιατούρα
- ⅓ φλιτζάνι Καρύδια? ψιλοκομμένο

ΟΔΗΓΙΕΣ:
a) Προθερμάνετε το φούρνο στους 375 F. Σε ένα ελαφρώς αλευρωμένο φύλλο κεριού, ξετυλίξτε τα ρολά μισοφέγγαρου, αλλά μην τα χωρίσετε. Πατά ρολά για να σχηματίσει ένα ορθογώνιο. τσιμπήστε τις ραφές μεταξύ τους. Αλευρώνουμε ελαφρά παραλληλόγραμμο ζύμη. περάστε με ένα άλλο φύλλο χαρτιού κεριού και κυλήστε με έναν πλάστη σε ένα ορθογώνιο 10 x 15 ιντσών.

b) Ανακατεύουμε το τυρί κρέμα με τη μαρμελάδα μέχρι να ομογενοποιηθούν. Απλώστε πάνω από τη ζύμη σε απόσταση 1 ίντσας από τις άκρες. Πασπαλίστε ομοιόμορφα τα κομματάκια σοκολάτας και μετά τα καρύδια πάνω από τη ζύμη. Τυλίξτε σε ρολό από μακριά πλευρά, ζελέ-ρολό, πιέζοντας μεταξύ τους τυχόν χαλαρές ραφές καθώς προχωράτε. Κόβουμε το ρολό σε 9 ίσες φέτες.

c) Τοποθετήστε τις φέτες κομμένες πλευρές προς τα κάτω σε ένα λαδωμένο ταψί πίτας 9 ιντσών. ισιώνουμε ελαφρά για να γεμίσει το ταψί. Ψήνουμε για 20 λεπτά ή μέχρι να ροδίσουν. Σερβίρετε ζεστό.

76. Τροχοί δεντρολίβανου παρμεζάνας

Κάνει: 1 ντουζίνα

ΣΥΣΤΑΤΙΚΑ:
- 1 ρολό Pillsbury Refrigerated Crescent Dinner Rolls
- 1 (8 ουγκιές) δοχείο σαντιγί τυρί Philadelphia
- 1/3 φλιτζάνι φρέσκια παρμεζάνα, τριμμένη
- 4 κουταλάκια του γλυκού κλωναράκια φρέσκο δεντρολίβανο (ή 2 κουταλάκια του γλυκού αποξηραμένο δεντρολίβανο)

ΟΔΗΓΙΕΣ:
a) Προθερμάνετε το φούρνο στους 375°F
b) Μην χωρίζετε τη ζύμη σε τρίγωνα. Πιέστε απαλά ή κυλήστε τις ραφές για να σφραγιστούν, αλλά μην ισιώσετε.
c) Σε ένα μικρό μπολ, ανακατέψτε το τυρί κρέμα, την παρμεζάνα και το δεντρολίβανο.
d) Απλώνουμε το μείγμα πάνω από τη ζύμη.
e) Τυλίγουμε τη ζύμη από τη μακριά πλευρά. Κόψτε σε ρολά 1/2 ίντσας.
f) Παρακαλούμε απλώστε τους τροχούς πάνω σε φύλλο μπισκότων ή πέτρα ψησίματος.
g) Ψήνουμε για 12 - 15 λεπτά ή μέχρι να ροδίσουν.
h) Σερβίρετε ζεστό.

77. Ορεκτικά με ρόδα καβουριού

Κάνει: 24

ΣΥΣΤΑΤΙΚΑ:
● 1 πακέτο (6-8 oz) κατεψυγμένο καβούρι Αλάσκας, αποψυγμένο
● 1 φλιτζάνι τριμμένο ελβετικό τυρί
● 3 κουταλιές της σούπας φρέσκα κρεμμυδάκια σε φέτες
● 1 κουταλιά της σούπας μαϊντανός ψιλοκομμένος
● ⅛ κουταλάκι του γλυκού ξηρή μουστάρδα
● 1 παύλα Φρέσκο τριμμένο πιπέρι
● ¼ φλιτζάνι μαγιονέζα
● 1 πακέτο Ρολά μισοφέγγαρου ψυγείου

ΟΔΗΓΙΕΣ:
a) Στραγγίζουμε και κόβουμε το καβούρι. Συνδυάστε με τυρί, φρέσκα κρεμμυδάκια, μαϊντανό, μουστάρδα, πιπέρι και μαγιονέζα.
b) Ξετυλίξτε προσεκτικά τη ζύμη μισοφέγγαρου. υγράνετε και σφραγίστε τις διατρήσεις.
c) Ανοίξτε απαλά για να σχηματίσετε ένα ορθογώνιο 9" x 15". Απλώστε το μείγμα καβουριών πάνω από τη ζύμη σε απόσταση 1" από τις άκρες.
d) Από τη μακριά πλευρά τυλίγουμε σε ρολό ρολό ζελέ, σφραγίζοντας καλά.
e) Κόβουμε σε φέτες ½" και βάζουμε σε λαδόκολλα. Ψήνουμε στους 375 βαθμούς για 10-12 λεπτά μέχρι να ροδίσουν.
f) Σερβίρετε ζεστό.

78. <u>Τροχοί πίτσας Crescent Roll</u>

Κάνει: 20 μερίδες

ΣΥΣΤΑΤΙΚΑ:
- 1 κουτί (8 ουγγιές) μισοφέγγαρο ζύμη
- 2 ουγγιές /1/2 φλιτζάνι πεπερόνι, ψιλοκομμένο
- 1 φλιτζάνι τυρί μοτσαρέλα, τριμμένο
- 2 κουταλιές της σούπας μανιτάρια, ή πιπεριά? ψιλοκομμένο
- 1 κουταλιά της σούπας κρεμμύδι, ψιλοκομμένο
- 1 φλιτζάνι μαρινάρα, ή σάλτσα πίτσας? για βύθιση

ΟΔΗΓΙΕΣ:
a) Ξετυλίγουμε τη ζύμη και χωρίζουμε σε 4 ορθογώνια. Πιέστε τις διατρήσεις μαζί.
b) Πασπαλίστε ομοιόμορφα πεπερόνι πάνω από τα ορθογώνια, μετά τα μανιτάρια ή την πιπεριά, το κρεμμύδι (αν χρησιμοποιείτε) και το τριμμένο τυρί.
c) Τυλίξτε ένα παραλληλόγραμμο σφιχτά, ξεκινώντας από το κοντό άκρο.
d) Κόψτε το ρολό σε 5 με 6 ίσες φέτες και τοποθετήστε το στο ταψί αφήνοντας μερικά εκατοστά μεταξύ τους. Επαναλάβετε με τα υπόλοιπα ρολά.
e) Ψήνουμε για περίπου 14 με 18 λεπτά, μέχρι να ροδίσουν όμορφα.
f) Σερβίρουμε με ζεστή μαρινάρα ή σάλτσα πίτσας και απολαμβάνουμε!

ΡΟΔΕΣ ΨΩΜΙΟΥ

79. Ροδάκια cottage cheese & ανανά

Φτιάχνει: 1 μερίδα

ΣΥΣΤΑΤΙΚΑ:
2 φέτες χωρίς κόρα Λευκό ψωμί
2 κουταλάκια του γλυκού άλειμμα με χαμηλά λιπαρά
2 ουγγιές Τυρί cottage με χαμηλά λιπαρά με ανανά
αμύγδαλα ή ανάλατα φιστίκια, ψιλοκομμένα

ΟΔΗΓΙΕΣ:
a) Καλύψτε ομοιόμορφα τις φέτες ψωμιού με το άλειμμα χαμηλών λιπαρών. Κλείστε 2 κουταλιές της σούπας από το τυρί κότατζ και μοιράστε το υπόλοιπο στο αλείφοντας ψωμί για να καλύψει την επιφάνεια.
b) Τυλίγουμε σε σχήματα λουκάνικου
c) Πολτοποιήστε το κρατημένο τυρί κότατζ με ένα κουταλάκι του γλυκού μέχρι να ομογενοποιηθεί και στη συνέχεια απλώστε λίγο στο μήκος του σάντουιτς σε ρολό.
d) Φρυγανίζουμε ελαφρά τους ψιλοκομμένους ξηρούς καρπούς και τους πασπαλίζουμε κατά μήκος του ρολού.
e) Σερβίρετε αμέσως.

80. Τροχοί φρυγανιάς σοκολάτας Marshmallow

Κάνει: 8 μερίδες

ΣΥΣΤΑΤΙΚΑ:
ΓΙΑ ΤΟΥΣ ΡΟΔΟΥΣ:
- 8 φέτες άσπρο ψωμί σάντουιτς
- ½ φλιτζάνι μίνι marshmallows
- ½ φλιτζάνι μίνι κομματάκια σοκολάτας
- 1 κουταλιά της σούπας βούτυρο

ΓΙΑ ΤΟ ΜΙΓΜΑ ΣΟΚΟΛΑΤΙΝΩΝ ΑΥΓΩΝ:
- 2 μεγάλα αυγά
- 3 κουταλιές της σούπας γάλα
- ½ κουταλιά της σούπας εκχύλισμα βανίλιας
- 1 κουταλιά της σούπας κακάο σε σκόνη

ΓΙΑ ΤΟ ΜΙΓΜΑ ΣΟΚΟΛΑΤΑ-ΖΑΧΑΡΗ:
- ⅓ φλιτζάνι κρυσταλλική ζάχαρη
- 1 κουταλάκι του γλυκού κανέλα
- 1 κουταλιά της σούπας κακάο σε σκόνη

ΟΔΗΓΙΕΣ:

a) Κόβουμε την κρούστα από τη φέτα ψωμιού και ισιώνουμε τη φέτα με έναν πλάστη.

b) Τοποθετήστε τα μίνι marshmallows και τα κομματάκια σοκολάτας μέσα προς τη μία άκρη της φέτας του ψωμιού.

c) Τυλίξτε το ψωμί σφιχτά. Επαναλάβετε με τις υπόλοιπες φέτες ψωμιού.

d) Ετοιμάστε το μείγμα των αυγών σοκολάτας: σε ένα ρηχό μπολ, χτυπήστε μαζί τα αυγά, το γάλα, το εκχύλισμα βανίλιας και μια κουταλιά της σούπας σκόνη κακάο. Ανακατέψτε καλά.

e) Ετοιμάστε το μείγμα σοκολάτας-ζάχαρης: σε ένα πιάτο, ανακατέψτε τη ζάχαρη, την κανέλα και μια κουταλιά της σούπας σκόνη κακάο. Αφήνω στην άκρη.

f) Ζεσταίνουμε ένα τηγάνι σε μέτρια φωτιά και λιώνουμε το βούτυρο.

g) Βουτάμε το ρολό στο μείγμα των σοκολατένιων αυγών, καλύπτοντας καλά και τα τοποθετούμε στο ταψί. Μαγειρέψτε τα μέχρι να ροδίσουν από όλες τις πλευρές, περίπου 2 λεπτά ανά πλευρά. Προσθέστε βούτυρο στο τηγάνι όσο χρειάζεται.

h) Βγάζετε το ψημένο ρολό από το τηγάνι και το ρίχνετε αμέσως στο μείγμα σοκολάτας-ζάχαρης μέχρι να καλυφθεί εντελώς με ζάχαρη.

81. Τυρί μπλιντζ ή τυρί κρέμα Pinwheels

Φτιάχνει: 1 μερίδα

ΣΥΣΤΑΤΙΚΑ:
30 φέτες λευκό ψωμί. (περίπου 1 1/2 καρβέλια), αφαιρέθηκαν οι κρούστες
¼ φλιτζάνι Ζάχαρη
8 ουγγιές τυρί κρέμα
2 κρόκοι αυγών
1½ στικ βούτυρο? λειωμένο
12 κουταλιές της σούπας Ζάχαρη
6 κουταλάκια του γλυκού κανέλα
1 πίντα κρέμα γάλακτος

ΟΔΗΓΙΕΣ:
a)   Χτυπάμε μαζί ¼ φλιτζάνι ζάχαρη, το τυρί κρέμα και τους κρόκους αυγών. Κόψτε τις κρούστες από το ψωμί. Ισιώνουμε το ψωμί με τον πλάστη μέχρι να αραιώσει. Ανακατεύουμε 12 κουταλιές της σούπας ζάχαρη και κανέλα. Απλώστε 1 κουταλιά της σούπας μείγμα τυριού κρέμα στο ψωμί.
b)   Συλλογή. Επαναλάβετε αυτή τη διαδικασία, μέχρι να γεμίσει όλο το ψωμί σε φέτες με μείγμα τυριού κρέμα και να τυλιχτεί σε ρολό. Δουλεύοντας με 1 ρολό τη φορά, αλείφουμε με λιωμένο βούτυρο και κυλάμε σε ζάχαρη κανέλας. Κόβουμε στη μέση ή στα τρίτα.
c)   Αυτά μπορεί να καταψυχθούν σε αυτό το σημείο ή να ψηθούν για 10 λεπτά στους 400 βαθμούς Φ. Για να τα σερβίρετε, οι επισκέπτες πρέπει να βουτήξουν τα Pinwheels σε ξινή κρέμα.
d)   Ανακατέψτε μόνο μια κανέλα στην κρέμα γάλακτος, αν θέλετε.

82. Τροχοί με μπλε τυρί

Κάνει: 36 μερίδες

ΣΥΣΤΑΤΙΚΑ:
- ¼ κιλά μπλε τυρί (θερμοκρασία δωματίου)
- ½ φλιτζάνι μαϊντανός ψιλοκομμένος
- 4 κουταλιές της σούπας Βούτυρο, μαλακωμένο
- 6 φέτες μαλακό λευκό ψωμί

ΟΔΗΓΙΕΣ:
a) Σε ένα μικρό μπολ, ανακατέψτε το μπλε τυρί, ¼ c ψιλοκομμένο μαϊντανό και 2 κουταλιές της σούπας βούτυρο μέχρι να αναμειχθούν καλά.

b) Κόψτε τις κρούστες από φέτες ψωμιού. κρατήστε τα ψωμάκια για να φτιάξετε ψίχουλα άλλη μια μέρα. Με τον πλάστη, κυλήστε τις φέτες ψωμιού επίπεδες. Απλώστε ομοιόμορφα περίπου 1 στρογγυλεμένη κουταλιά της σούπας μείγμα τυριού σε φέτα ψωμιού. ρολό, μόδα ζελέ-ρολό.

c) Σε κερωμένο χαρτί, τοποθετήστε το υπόλοιπο ¼ φλιτζάνι ψιλοκομμένο μαϊντανό. Αλείφουμε έξω από τα ρολά τυριού με το υπόλοιπο βούτυρο. πασπαλίζουμε ελαφρά με μαϊντανό. Τυλίξτε τα ρολά σφιχτά σε πλαστική μεμβράνη. βάλτε το στο ψυγείο για τουλάχιστον 30 λεπτά για ευκολότερο κόψιμο.

d) Για να σερβίρετε, κόψτε το ρολό τυριού με επικάλυψη μαϊντανού σταυρωτά σε έξι φέτες. Τοποθετήστε τις φέτες, με την κομμένη πλευρά προς τα πάνω, σε πιατέλα. Κάνει 3 δωδεκάδες ορεκτικά.

83. Ψωμί με κανέλα

Φτιάχνει: 1 μερίδα

ΣΥΣΤΑΤΙΚΑ:
- 2 φλιτζάνια αλεύρι ψωμιού
- 1 φλιτζάνι αλεύρι για κέικ
- 2 κουταλιές της σούπας Ζάχαρη
- 1 κουταλάκι του γλυκού Αλάτι
- 2 ½ κουταλάκι του γλυκού Μαγιά ταχείας αύξησης
- ¼ φλιτζάνι ανάλατο βούτυρο
- 1 φλιτζάνι Λιγότερο περίπου 2 κουταλιές της σούπας γάλα
- 1 μεγάλο αυγό
- 3 κουταλιές της σούπας κρύο ανάλατο βούτυρο. κομμένο σε κομμάτια
- 1 μεγάλο αυγό? χτυπημένο και μοιρασμένο
- 2 κουταλιές της σούπας αλεσμένη κανέλα? διαιρεμένος
- ¼ φλιτζάνι ζάχαρη Turbinado? διαιρεμένος

ΟΔΗΓΙΕΣ:
a) Στο μπολ του επεξεργαστή που διαθέτει τη ατσάλινη λεπίδα, προσθέστε τα αλεύρια, τη ζάχαρη, το αλάτι και τη μαγιά. Παλμός για ανάμειξη.

b) Τώρα, κόψτε το βούτυρο σε λεπτά και χτυπήστε για να ανακατευτεί έτσι ώστε σχεδόν να εξαφανιστεί.

c) Σε ένα ποτήρι, ζεσταίνουμε το γάλα στο φούρνο μικροκυμάτων στους 120 βαθμούς περίπου (περίπου 45 δευτερόλεπτα σε υψηλή ισχύ) και μετά προσθέτουμε το αυγό. Χτυπάμε με ένα πιρούνι και μετά, με το μοτέρ σε λειτουργία, ρίχνουμε σταδιακά τα υγρά στα στεγνά υλικά, κρατώντας πίσω τις τελευταίες δύο κουταλιές της σούπας υγρό για να δούμε αν η ζύμη θα σχηματίσει μια μπάλα.

d) Επεξεργάζεστε μέχρι η ζύμη να αρχίσει να φεύγει από το πλάι του μπολ, σχηματίζοντας μια μπάλα. Προσθέστε την τελευταία δόση του υγρού μόνο εάν χρειάζεται. Ζυμώνουμε για 60 δευτερόλεπτα προσθέτοντας αλεύρι όσο χρειάζεται αν η ζύμη φαίνεται να κολλάει. Τσιμπήστε ένα κομμάτι από τη ζύμη. Θα πρέπει να αισθάνεται κολλώδες, λείο, ελαστικό και ζεστό.

e) Αφαιρέστε τη ζύμη και τη λεπίδα από χάλυβα και ετοιμάστε να φουσκώσει. Σε μια ελαφρώς αλευρωμένη επιφάνεια, ζυμώνουμε τη ζύμη με το χέρι για λίγα δευτερόλεπτα και στη συνέχεια πλάθουμε τη ζύμη σε μπάλα. Με τους αντίχειρές σας, τρυπήστε μια τρύπα για να σχηματίσετε ένα σχήμα ντόνατ και τοποθετήστε το στο μπολ του επεξεργαστή. Καλύψτε χαλαρά με μια υγρή πετσέτα τσαγιού ή πλαστική μεμβράνη.

f) Τοποθετήστε ένα ποτήρι 8 ουγγιών νερό στο πίσω μέρος του φούρνου μικροκυμάτων. Μειώστε την ισχύ μικροκυμάτων στην κατάλληλη ρύθμιση μικροκυμάτων.

g) Ζεσταίνουμε για 3 λεπτά. Ξεκουραστείτε για 3 λεπτά. Ζεσταίνουμε για 3 λεπτά. Ξεκουράζετε για 6 λεπτά ή μέχρι να διπλασιαστεί περίπου η ζύμη χύμα.

h) Βγάζουμε τη ζύμη σε μια ελαφρώς αλευρωμένη επιφάνεια και ζυμώνουμε με το χέρι για λίγα δευτερόλεπτα. Δώστε ξανά σχήμα ντόνατς (όπως περιγράφεται στο βήμα 4), τοποθετήστε το στο μπολ του επεξεργαστή και ανασηκώστε ξανά στο φούρνο μικροκυμάτων, επαναλαμβάνοντας το βήμα 5.

i) Λαδώνουμε γενναιόδωρα ένα τυπικό γυάλινο ταψί 8½ x 4 ½ x 2 ½ ίντσας.

j) Προθερμαίνουμε το φούρνο στους 375.

k) Μόλις φουσκώσει η ζύμη για δεύτερη φορά, τρυπήστε προς τα κάτω και κυλήστε σε ένα ορθογώνιο σχήμα περίπου 10x12 ίντσες. Πασπαλίστε με κομμάτια κρύου βουτύρου και ψιλοκόψτε το, χρησιμοποιώντας μια ξύστρα ζαχαροπλαστικής (λεπίδα ζύμης). Τώρα, βάψτε τη ζύμη με όλα εκτός από 2 κουταλιές της σούπας από το χτυπημένο αυγό και ψιλοκόψτε το. Απλώστε από πάνω κανέλα και ζάχαρη τουμπινάντο, κρατώντας μια μεγάλη πρέζα για την κορυφή. Τώρα τυλίξτε τη μόδα σε ρολό ζελέ, ξεκινώντας από την πλευρά 10 ιντσών.

l) Τοποθετήστε απαλά τη ζύμη στο προετοιμασμένο ταψί, με την πλευρά της ραφής προς τα κάτω και αφήστε να φουσκώσει μια τελευταία φορά, είτε στο φούρνο μικροκυμάτων, επαναλαμβάνοντας το βήμα 5, είτε σε ένα ζεστό, χωρίς ρεύματα μέρος, μέχρι η ζύμη να διπλασιαστεί σχεδόν χύμα.

m)   Όταν η ζύμη έχει φουσκώσει, αλείφετε με ένα κρατημένο αυγό για να γίνει ένα γλάσο, προσέχοντας να μην τρέξει κανένα από τα πλαϊνά του ταψιού (κολλάει).

n) Κάντε 3 βαθιές, διαγώνιες φέτες στην κορυφή με ένα κοφτερό μαχαίρι ή ξυράφι.

o) Πασπαλίζουμε από πάνω με την κρατημένη κανέλα και τη ζάχαρη τουρμπινάδο.

p) Ψήνουμε στη μεσαία σχάρα στον προθερμασμένο φούρνο για 25 με 30 λεπτά ή μέχρι να ροδίσουν ομοιόμορφα.

q) Αφαιρέστε αμέσως στη σχάρα για να κρυώσει. Τυλίξτε σε πλαστικό για αποθήκευση. Αυτό το ψωμί διατηρείται έως και μια εβδομάδα, σωστά αποθηκευμένο.

84. Ρολά από βότανα

Κάνει: 16 μερίδες

ΣΥΣΤΑΤΙΚΑ:
- 1 φλιτζάνι Γάλα
- 1 κουταλιά της σούπας Βούτυρο
- 1 συσκευασία Ξηρή μαγιά
- ½ φλιτζάνι ζεστό (105-115 μοίρες) νερό
- 1 κουταλιά της σούπας Ζάχαρη
- 1 κουταλάκι του γλυκού Αλάτι
- 3 ½ φλιτζάνι αλεύρι ψωμιού
- 1 μέτριο κρεμμύδι ψιλοκομμένο
- 1 κουταλιά της σούπας Βούτυρο
- 2 κουταλάκια του γλυκού αποξηραμένος άνηθος
- Λιωμένο βούτυρο

ΟΔΗΓΙΕΣ:
a) Λαδώνουμε γενναιόδωρα το μεγάλο μπολ και το στρογγυλό ταψί 10 ιντσών.

b) Ζεματίζουμε το γάλα με 1 κουταλιά της σούπας βούτυρο και το κρυώνουμε σε χλιαρό.

c) Ρίξτε τη μαγιά πάνω από χλιαρό νερό σε ένα μεγάλο μπολ και αφήστε να σταθεί μέχρι να γίνει αφρός, περίπου 10 λεπτά. Ανακατεύουμε με το γάλα, τη ζάχαρη και το αλάτι.

d) Προσθέστε 2 φλιτζάνια αλεύρι και χτυπήστε καλά. Προσθέστε 1 φλιτζάνι ακόμα αλεύρι και ανακατέψτε καλά.

e) Απλώστε σε ελαφρά αλευρωμένη σανίδα και ζυμώστε με το υπόλοιπο αλεύρι μέχρι η ζύμη να γίνει λεία και σατινέ, περίπου 10 λεπτά. Τοποθετούμε σε λαδόκολλα, γυρίζοντας να καλύψει όλη την επιφάνεια.

f) Σκεπάζουμε και αφήνουμε να φουσκώσει σε ζεστή περιοχή μέχρι να διπλασιαστεί, 1 ½ ώρα.

g) Σοτάρουμε το κρεμμύδι στο βούτυρο μέχρι να μαλακώσει αλλά όχι να ροδίσει, το αφήνουμε στην άκρη. Χτυπάμε τη ζύμη και ζυμώνουμε αρκετές φορές. Τυλίξτε σε παραλληλόγραμμο 16x11 ιντσών.

h) Πασπαλίζουμε ομοιόμορφα με το κρεμμύδι και μετά με τον άνηθο. Ρολό κατά μήκος ζελέ ρολό μόδας. Κόψτε σε κομμάτια 1 ίντσας και τακτοποιήστε σε προετοιμασμένο ταψί 10 ιντσών έτσι ώστε να μην ακουμπάει σε ρολό. Αλείφουμε με βούτυρο και αφήνουμε να φουσκώσει μέχρι να διπλασιαστεί, για 30 με 45 λεπτά.

i) Προθερμαίνουμε τον φούρνο στους 375 βαθμούς. Ψήστε τα ρολά μέχρι να ροδίσουν, περίπου 30 λεπτά.

85. Ανεπιθύμητα pinwheels

Κάνει: 16 μερίδες

ΣΥΣΤΑΤΙΚΑ:
- 1 κιλό Παγωμένη ζύμη ψωμιού, ξεπαγωμένη
- ¼ φλιτζάνι σάλτσα πίτσας
- Κουτιά 7 ουγκιών SPAM μεσημεριανό κρέας, σε κυβάκια
- 2 φλιτζάνια τριμμένο τυρί μοτσαρέλα
- 2 κουταλιές της σούπας ψιλοκομμένο πιπεροντσίνι
- Σάλτσα πίτσας

ΟΔΗΓΙΕΣ:
a) Τυλίξτε το ψωμί σε ελαφρά αλευρωμένη επιφάνεια σε τετράγωνο 12". Αλείψτε τη σάλτσα πίτσας πάνω από τη ζύμη του ψωμιού.

b) Πασπαλίστε το SPAM, το τυρί και το pepperoncini πάνω από τη ζύμη.

c) Ζύμη για ρολό, μόδα ζελέ? τσιμπήστε τη ραφή για να σφραγίσετε (μην σφραγίζετε τα άκρα).

d) Κόβουμε το ρολό σε 16 φέτες. Τοποθετήστε τις φέτες, με την κομμένη πλευρά προς τα κάτω, σε λαδόκολλα.

e) Σκεπάζουμε και αφήνουμε σε ζεστό μέρος για 45 λεπτά.

f) Ζεσταίνουμε το φούρνο στους 350'F. Ψήνουμε για 20-25 λεπτά ή μέχρι να ροδίσουν. Σερβίρουμε αμέσως με σάλτσα πίτσας.

86. Τροχός από χοιρινό ξινολάχανο

Κάνει: 9 μερίδες

ΣΥΣΤΑΤΙΚΑ:
- ¾ φλιτζάνι ψίχουλα ψωμιού, στεγνά
- 2 αυγά το καθένα. ελαφρώς χτυπημένο
- ⅓ φλιτζάνι γάλα
- 1 ½ κουταλάκι του γλυκού Αλάτι
- ¼ κουταλάκι του γλυκού Πιπέρι
- 1 κουταλάκι του γλυκού φύλλα θυμαριού
- 1 κουταλιά της σούπας σάλτσα Worchestershire
- 2 κιλά Χοιρινό, άπαχο, αλεσμένο
- 16 ουγγιές ξινολάχανο
- ¼ φλιτζάνι Κρεμμύδι, ψιλοκομμένο
- 3 κουταλιές της σούπας Pimento, ψιλοκομμένο
- 1 κουταλιά της σούπας Ζάχαρη
- 5 φέτες μπέικον

ΟΔΗΓΙΕΣ:
a) Συνδυάστε τρίμματα ψωμιού, αυγά, γάλα, αλάτι, πιπέρι, θυμάρι και σάλτσα Worchestershire. Ανακατεύουμε στο χοιρινό.

b) Σε κερωμένο χαρτί απλώστε το μείγμα σε ορθογώνιο 12 x 9 ιντσών.

c) Συνδυάστε το Kraut, το κρεμμύδι, το Pimento και τη ζάχαρη, απλώστε ομοιόμορφα πάνω από το κρέας.

d) Τυλίξτε από το στενό άκρο. Τοποθετήστε το καρβέλι σε λαδωμένο, ρηχό ταψί.

e) Στρώνουμε από πάνω το μπέικον.

f) Ψήνουμε στους 375 F. φούρνο 70 λεπτά.

87. Τροχός γαλοπούλας στο ψωμί Lavash

Φτιάχνει: 1 μερίδα

ΣΥΣΤΑΤΙΚΑ:
- 2 Τεμάχια ψωμί λάβας
- 8 ουγγιές Τυρί κρέμα με χαμηλά λιπαρά
- 2 κουταλιές της σούπας Αγαπημένα φρέσκα μυρωδικά - κιμάς
- 1 ματσάκι φύλλα σπανάκι
- 1 ματσάκι φύλλα ρόκας
- ½ κιλό στήθος γαλοπούλας σε φέτες

ΟΔΗΓΙΕΣ:
a) Ζεσταίνουμε το ψωμί Lavosh στο φούρνο.

b) Ενώ ζεσταίνετε, σε ένα μικρό μπολ, συνδυάστε το τυρί κρέμα και τα μυρωδικά.

c) Βγάζουμε το ψωμί από το φούρνο και αλείφουμε απαλά τη μια πλευρά με το μείγμα του τυριού κρέμα.

d) Στρώνουμε ένα κομμάτι σπανάκι πάνω στο μείγμα τυριών, μετά τη ρόκα και από πάνω μια φέτα γαλοπούλας.

e) Τυλίξτε το ψωμί Lavash και στη συνέχεια κόψτε σε φέτες.

88. Γαλοπούλα-lavosh roll-ups

Κάνει: 8 μερίδες

ΣΥΣΤΑΤΙΚΑ:
1½ κιλό Στήθος γαλοπούλας χωρίς δέρμα
1 παύλα Paul Prudhomme Καρυκεύματα πουλερικών
½ φλιτζάνι λιαστές ντομάτες
4 ουγγιές ελαφρύ τυρί κρέμα (Neufchatel). μαλάκωσε
16 φύλλα φρέσκου βασιλικού
½ κουταλάκι του γλυκού Αλάτι
½ κουταλάκι του γλυκού φρεσκοτριμμένο μαύρο πιπέρι
8 ορθογώνια Lavosh. 6 ίντσες επί 8 ίντσες ή 8 τορτίγιες ολικής αλέσεως

ΟΔΗΓΙΕΣ:
Προθερμαίνουμε το φούρνο στους 400 βαθμούς. Τυλίξτε το στήθος της γαλοπούλας σφιχτά σε πλαστική μεμβράνη που μπορεί να φούρνο μικροκυμάτων και μετά χαλαρά σε αλουμινόχαρτο. Τοποθετούμε σε ταψί και ψήνουμε μέχρι να τρέξουν οι χυμοί, περίπου 1 ώρα. Καρυκεύστε κατά προτίμηση με καρύκευμα πουλερικών Paul Prudhomme. Αφήνουμε στην άκρη να κρυώσει. Μουλιάζουμε τις λιαστές ντομάτες σε βραστό νερό μέχρι να μαλακώσουν, περίπου 10 λεπτά.

Στραγγίστε, κρατώντας υγρό. Κόβουμε τις ντομάτες σε λωρίδες ζουλιέν. Βάλτε το μισό στο μπολ του πολυμίξερ και κρατήστε το υπόλοιπο. Πασπαλίστε τις ντομάτες, προσθέτοντας αρκετό από το εμποτισμένο υγρό που έχετε κρατήσει για να σχηματίσετε μια λεία πάστα.

Προσθέστε το τυρί κρέμα, αλάτι και πιπέρι και ανακατέψτε μέχρι να ομογενοποιηθούν. Για να συναρμολογήσετε, κόψτε σε λεπτές φέτες το κρύο στήθος γαλοπούλας. Αλείψτε το ορθογώνιο lavosh με 2 κουταλιές της σούπας από το μείγμα του τυριού κρέμα και, στη συνέχεια, προσθέστε 3 ουγγιές γαλοπούλα σε φέτες, 2 έως 3 λωρίδες λιαστής ντομάτας και 2 φύλλα βασιλικού. Τυλίξτε σφιχτά. Αν θέλουμε, κόβουμε τα ρολά σε κομμάτια στη διαγώνιο για να τα σερβίρουμε.

89. Ρολό ψωμιού λαχανικών

Φτιάχνει: 1 μερίδα

ΣΥΣΤΑΤΙΚΑ:
- 1 πακέτο ζύμη γαλλικού ψωμιού
- ½ κρεμμύδι, ψιλοκομμένο
- 2 φλιτζάνια λαχανικά, ψιλοκομμένα, όπως μανιτάρια, καρότα, μπρόκολο, κολοκυθάκια
- 2 κουταλιές της σούπας τυρί παρμεζάνα χωρίς λιπαρά

ΟΔΗΓΙΕΣ:
a) Σοτάρουμε τα κρεμμύδια και τα μανιτάρια σε λίγο νερό μέχρι να μαλακώσουν, προσθέτοντας άλλα λαχανικά και μαγειρεύουμε μέχρι να μαλακώσουν σχετικά.

b) Ξετυλίξτε τη συσκευασία της φρέσκιας ζύμης ψωμιού και απλώστε τα λαχανικά ομοιόμορφα σε όλα. Από πάνω με παρμεζάνα.

c) Τυλίξτε προσεκτικά και τοποθετήστε την με την πλευρά της ραφής προς τα κάτω στο ταψί.

d) Ψήνουμε στους 350 βαθμούς για 25 λεπτά, μέχρι να ροδίσει ελαφρά.

e) Αν το επάνω μέρος γίνει πολύ καφέ, σκεπάζουμε με αλουμινόχαρτο για να ισορροπήσει ο χρόνος ψησίματος.

ΖΥΜΑΡΙΚΑ ΠΕΡΙΣΤΡΟΧΟΙ

90. Ροδάκια με λαζάνια αχιβάδας

Κάνει: 8 μερίδες

ΣΥΣΤΑΤΙΚΑ:
- 6 noodles λαζάνια
- 1¾ φλιτζάνι σάλτσα μπεσαμέλ
- 2 φλιτζάνια τυρί μοτσαρέλα? ψιλοκομμένο, 1/2 λίβρα.
- ¼ φλιτζάνι τυρί παρμεζάνα? φρεσκοτριμμένο
- 2 κουταλιές της σούπας φρέσκια ψίχα ψωμιού
- 1 κουταλιά της σούπας ελαιόλαδο
- 1 φλιτζάνι Κρεμμύδι? ψιλοκομμένο
- 2 σκελίδες σκόρδο? κιμάς
- 28 ουγγιές Ντομάτες? κονσερβοποιημένο, αστράγγιστο
- 2 κουταλιές της σούπας πελτέ ντομάτας
- 10 ουγκιές μωρά μύδια? κονσερβοποιημένο, αστράγγιστο
- 1 κουταλάκι του γλυκού ρίγανη αποξηραμένη
- ¼ κουταλάκι του γλυκού νιφάδες καυτερής πιπεριάς
- 2 κουταλιές της σούπας φρέσκος μαϊντανός? κιμάς
- Αλατοπίπερο
- 2 φλιτζάνια φρέσκο σπανάκι? συσκευασμένα
- 2 μεγάλα αυγά
- 2½ κιλά τυρί Ricotta
- 1 φλιτζάνι μοτσαρέλα? 1/4 κιλό, ψιλοκομμένο
- ½ φλιτζάνι τυρί παρμεζάνα? φρεσκοτριμμένο
- 2 κουταλιές της σούπας Πράσινα κρεμμύδια. ψιλοκομμένο
- 2 κουταλιές της σούπας φρέσκος μαϊντανός? ψιλοκομμένο
- 2 κουταλιές της σούπας φρέσκος βασιλικός? ψιλοκομμένο ή 1 κουτ. αποξηραμένος

ΟΔΗΓΙΕΣ:

a) Τα λαζάνια είναι ένα χρονοβόρο πιάτο για παρασκευή, αλλά είναι τόσο δημοφιλές και εύκολο στο σερβίρισμα που η προσπάθεια φαίνεται να αξίζει τον κόπο. Όλα τα μέρη αυτού του πιάτου μπορούν να γίνουν μπροστά και τα λαζάνια να συναρμολογηθούν αρκετές ώρες πριν το ψήσιμο.

b) Σάλτσα Clam: Σε βαριά κατσαρόλα, ζεστάνετε το λάδι σε μέτρια φωτιά. μαγειρέψτε το κρεμμύδι και το σκόρδο, ανακατεύοντας, για 5 λεπτά ή μέχρι να μαλακώσουν. Προσθέστε τις ντομάτες, θρυμματίζοντας με το πιρούνι και τον πελτέ ντομάτας. Στραγγίστε τα μύδια, κρατώντας ¾ φλιτζάνι (175 mL) χυμό. προσθέστε το χυμό στην κατσαρόλα και αφήστε τις αχιβάδες στην άκρη. Προσθέστε ρίγανη και καυτερές νιφάδες πιπεριάς. αφήστε να βράσει.

c) Χαμηλώνουμε τη φωτιά και σιγοβράζουμε για 25 λεπτά ή μέχρι να πήξει αρκετά ώστε να μείνει χώρος αφού τραβήξουμε το κουτάλι στον πάτο του τηγανιού. αφήστε να κρυώσει.

d) Προσθέστε μύδια, μαϊντανό και αλατοπίπερο για γεύση. (Η σάλτσα μπορεί να καλυφθεί και να διατηρηθεί στο ψυγείο για έως και 1 ημέρα ή να καταψυχθεί για έως και 1 μήνα.) Γέμιση με ρικότα και σπανάκι: Ξεπλύνετε το σπανάκι αλλά μην το στεγνώσετε. Σε κατσαρόλα σε μέτρια προς δυνατή φωτιά, μαγειρέψτε το σπανάκι με το νερό να κολλάει στα φύλλα για 4 λεπτά ή μέχρι να μαραθεί. Πιέστε όσο το δυνατόν περισσότερη υγρασία. ψιλοκόβουμε και βάζουμε σε μπολ. Ανακατεύουμε με αυγά, ρικότα, μοτσαρέλα, παρμεζάνα, κρεμμύδια, μαϊντανό και βασιλικό.

e) Σε μεγάλη κατσαρόλα με αλατισμένο νερό που βράζει, μαγειρέψτε τα noodles μέχρι να μαλακώσουν, περίπου 8 λεπτά. Ξεπλύνετε με κρύο νερό. (Τα μαγειρεμένα νουντλς μπορούν να τοποθετηθούν σε μεγάλο μπολ, να καλύπτονται με κρύο νερό και να διατηρούνται στο ψυγείο για έως και 1 ημέρα.) Συναρμολόγηση: Απλώστε περίπου ¾ φλιτζάνι (175 mL) από τη σάλτσα αχιβάδας σε ταψί 13 x 9 ιντσών (3½ L) .

f) Στραγγίστε και στεγνώστε τα ζυμαρικά. κόβω στην μέση. Δουλεύοντας με ένα μισό κάθε φορά, αλείφετε με περίπου 3 κουταλιές της σούπας (50 mL) από τη γέμιση Ricotta και σπανάκι, αφήνοντας 1 ίντσα (2½ cm) ακάλυπτο στο ένα άκρο. Απλώστε περίπου 2 κουταλιές της σούπας (25 mL) σάλτσα αχιβάδας πάνω από τη γέμιση. Ξεκινώντας από το σκεπασμένο άκρο, τυλίγουμε σε ρολό και τοποθετούμε με τη ραφή προς τα κάτω, σε δύο σειρές πάνω σε σάλτσα αχιβάδας στο πιάτο. Απλώστε την υπόλοιπη σάλτσα αχιβάδας γύρω από τα ρολά.

g) Ρίξτε τη σάλτσα μπεσαμέλ πάνω από τα ψωμάκια. πασπαλίζουμε με μοτσαρέλα, παρμεζάνα και ψίχα ψωμιού. (Τα λαζάνια μπορούν να καλυφθούν και να διατηρηθούν στο ψυγείο για έως και 4 ώρες.) Ψήνουμε σε φούρνο στους 350 F (180 C) για 45 λεπτά ή μέχρι να φουσκώσει η σάλτσα και η κορυφή έχει κρούστα και χρυσαφένιο χρώμα. Αφήστε να σταθεί για 10 λεπτά.

91. Λαζάνια με τυρί και πράσο Pinwheels

Φτιάχνει: 5 μερίδες

ΣΥΣΤΑΤΙΚΑ:
125 γραμμάρια λαζάνια (περίπου
15 τεμάχια)
1 Πράσο, ψιλοκομμένο (λευκό
μόνο μερίδα)
1 κουταλιά της σούπας Φυτικό λάδι
1 φλιτζάνι τυρί Ricotta
1 φλιτζάνι τυρί φέτα, θρυμματισμένη
1 σκελίδες σκόρδο, ψιλοκομμένες
1 αυγά ελαφρά χτυπημένα
750 χιλιοστόλιτρα σάλτσα ζυμαρικών, σε βάζο

ΟΔΗΓΙΕΣ:
Μαγειρέψτε τα λαζάνια σε μεγάλη ποσότητα βραστό νερό.
Στραγγίστε τα περισσότερα? προσθέστε παγάκια για να
σταματήσετε το μαγείρεμα. Αφήστε να σταθεί σε κρύο νερό. Σε
κατσαρόλα, ζεσταίνουμε το λάδι. σοτάρουμε τα πράσα μέχρι να
μαλακώσουν. Αποσύρουμε από τη φωτιά λίγο να κρυώσει.
Συνδυάστε το πράσο με ρικότα, φέτα, σκόρδο και αυγά.
Απλώστε ⅓ από τη σάλτσα ζυμαρικών σε ένα ταψί 13"x9".
Στραγγίστε ένα κομμάτι λαζάνια. στεγνώστε ταμπουναριστά.
Απλώστε περίπου ¼ φλιτζάνι μείγμα πράσου ομοιόμορφα πάνω
στα λαζάνια. τυλίγουμε σε ρολό και τοποθετούμε τη ραφή προς
τα κάτω σε έτοιμο πιάτο. Επαναλάβετε με τα υπόλοιπα λαζάνια
και το μείγμα πράσου.
Αραδιάζουμε τα μπινελίκια στο πιάτο και ρίχνουμε την υπόλοιπη
σάλτσα. Ψήνετε, σκεπασμένο, στους 350 F. για 25 λεπτά.
Αφαιρέστε το καπάκι και ψήστε για 5 λεπτά ακόμα.

92. Manicotti

Κατασκευάζει: περίπου 20 ρόδες

ΣΥΣΤΑΤΙΚΑ:
ΓΙΑ ΤΟΥΣ MANICOTTI:
- 6 αυγά
- 2 κούπες αλεύρι
- 1 ½ φλιτζάνι νερό
- Αλάτι και πιπέρι για να γευτείς

ΓΕΜΙΣΗ ΤΥΡΙΟΥ RICOTTA:
- 2 κιλά τυρί (μπορεί να είναι τυρί κατσαρόλας)
- 2 αυγα
- Αλατοπίπερο
- Νιφάδες μαϊντανού
- Τριμμένη παρμεζάνα

ΟΔΗΓΙΕΣ:
a) Χτυπάμε μαζί τα αυγά, το αλεύρι, το νερό, το αλάτι και το πιπέρι για γεύση.

b) Φτιάχνουμε σαν λεπτές τηγανίτες, πολύ γρήγορα, σε σχάρα ή τηγάνι (για το τηγάνισμα χρησιμοποιώ ελαιόλαδο).

c) Γεμίζουμε με μείγμα τυριού ρικότα. Τυλίγω. Καλύπτουμε με σάλτσα.

d) Ψήνουμε στους 350 βαθμούς Φ για μισή ώρα.

e) Αφήνουμε να δέσει για 10 λεπτά πριν σερβίρουμε.

ΓΕΜΙΣΗ ΤΥΡΙΟΥ RICOTTA:
f) Ανακατεύουμε με ένα κουτάλι μέχρι να ομογενοποιηθούν και να ανακατευτούν καλά (εγώ χρησιμοποιώ το μισό από αυτό).

93. **String Cheese Manicotti**

Κάνει: 6

ΣΥΣΤΑΤΙΚΑ:
- 1 βάζο (24 ουγκιές) σάλτσα σπαγγέτι
- 1 κιλό μοσχαρίσιος κιμάς
- 1-½ φλιτζάνια (6 ουγγιές) τριμμένο τυρί μοτσαρέλα με μερικώς αποβουτυρωμένο
- τριμμένη παρμεζάνα
- ½ φλιτζάνι κρεμμύδι ψιλοκομμένο
- 1 σκελίδα σκόρδο, ψιλοκομμένη
- 1 πακέτο (8 ουγγιές) κοχύλια manicotti
- 12 κομμάτια τυρί κορδόνι
- Βασιλικός ψιλοκομμένος (προαιρετικά)

ΟΔΗΓΙΕΣ:
a) Σε ένα μεγάλο τηγάνι, μαγειρέψτε το βόειο κρέας και το κρεμμύδι σε μέτρια φωτιά μέχρι το κρέας να μην είναι πλέον ροζ. προσθέστε το σκόρδο και μαγειρέψτε για περίπου 1 λεπτό.
b) Στραγγίζουμε το κρέας.
c) Ανακατεύουμε με τη σάλτσα σπαγγέτι.
d) Η μισή σάλτσα κρέατος πρέπει να απλωθεί σε ένα λαδωμένο ταψί 9x13 ιντσών.
e) Βάλτε ένα κομμάτι τυρί κορδόνι στο κέλυφος.
f) Αραδιάζουμε τα manicotti πάνω από τη σάλτσα του κρέατος.
g) Τοποθετήστε πάνω από τη σάλτσα κρέατος? περιχύστε με την υπόλοιπη σάλτσα.
h) Σκεπάζουμε με αλουμινόχαρτο και ψήνουμε στους 350° για 25-30 λεπτά, ή μέχρι να ζεσταθεί καλά.
i) Αλείφουμε με τυρί μοτσαρέλα και ψήνουμε για 5 λεπτά ή μέχρι να λιώσει.
j) Γαρνίρουμε με τριμμένη παρμεζάνα και βασιλικό, αν θέλουμε.

94. Manicotti γεμιστό με σπανάκι

Κάνει: 4 μερίδες

ΣΥΣΤΑΤΙΚΑ:
- 12 μανικοτάκια
- 1 κουταλιά της σούπας ελαιόλαδο
- 2 μέτρια ασκαλώνια, ψιλοκομμένα
- 1 (10 ουγκιές) συσκευασία κατεψυγμένο ψιλοκομμένο σπανάκι, αποψυγμένο
- 1 κιλό εξαιρετικά σφιχτό τόφου στραγγισμένο και θρυμματισμένο
- 1/4 κουταλάκι του γλυκού αλεσμένο μοσχοκάρυδο
- Αλάτι και φρεσκοτριμμένο μαύρο πιπέρι
- 1 φλιτζάνι φρυγανισμένα κομμάτια καρυδιού
- 1 φλιτζάνι μαλακό τόφου, στραγγισμένο και θρυμματισμένο
- 1/4 φλιτζάνι διατροφική μαγιά
- 2 φλιτζάνια απλό γάλα σόγιας χωρίς ζάχαρη
- 1 φλιτζάνι ξηρή ψίχα ψωμιού

ΟΔΗΓΙΕΣ:
a)   Προθερμάνετε το φούρνο στους 350°F. Λαδώνουμε ελαφρά ένα ταψί 9 x 13 ιντσών. Σε μια κατσαρόλα με αλατισμένο νερό που βράζει, βράζουμε τα manicotti σε μέτρια προς δυνατή φωτιά, ανακατεύοντας κατά διαστήματα, μέχρι al dente, περίπου 10 λεπτά. Στραγγίζουμε καλά και περνάμε κάτω από κρύο νερό. Αφήνω στην άκρη.

b)   Σε ένα μεγάλο τηγάνι ζεσταίνουμε το λάδι σε μέτρια φωτιά. Προσθέστε τα ασκαλώνια και μαγειρέψτε μέχρι να μαλακώσουν, περίπου 5 λεπτά. Στύβουμε το σπανάκι για να βγάλουμε όσο το δυνατόν περισσότερα υγρά και το προσθέτουμε στα ασκαλώνια. Καρυκεύουμε με μοσχοκάρυδο και αλατοπιπερώνουμε κατά βούληση και μαγειρεύουμε για 5 λεπτά, ανακατεύοντας για να αναμειχθούν οι γεύσεις. Προσθέστε το πολύ σφιχτό τόφου και ανακατέψτε να ομογενοποιηθεί καλά. Αφήνω στην άκρη.

c)   Σε έναν επεξεργαστή τροφίμων, επεξεργάζεστε τα καρύδια μέχρι να αλεσθούν. Προσθέστε το μαλακό τόφου, τη θρεπτική μαγιά, το γάλα σόγιας και αλάτι και πιπέρι για γεύση. Επεξεργαστείτε μέχρι να ομογενοποιηθεί.

d) Απλώστε μια στρώση από τη σάλτσα καρυδιού στον πάτο του έτοιμου ταψιού. Γεμίζουμε τα manicotti με τη γέμιση. Αραδιάζουμε τα γεμιστά manicotti σε μονές στρώσεις στο ταψί. Ρίχνουμε με κουτάλι την υπόλοιπη σάλτσα από πάνω.

e) Σκεπάζουμε με αλουμινόχαρτο και ψήνουμε μέχρι να ζεσταθεί, περίπου 30 λεπτά. Ξεσκεπάζουμε, πασπαλίζουμε με ψίχα ψωμιού και ψήνουμε για 10 λεπτά ακόμα για να ροδίσει ελαφρά η κορυφή. Σερβίρετε αμέσως.

95. Τροχοί Tofu Lasagna

Κάνει: 4 μερίδες

ΣΥΣΤΑΤΙΚΑ:

- 12 νουντλς λαζάνια
- 4 φλιτζάνια φρέσκο σπανάκι ελαφρά συσκευασμένο
- 1 φλιτζάνι μαγειρεμένα ή σε κονσέρβα λευκά φασόλια, στραγγισμένα και ξεπλυμένα
- 1 κιλό σφιχτό τόφου, στραγγισμένο και στεγνό
- 1/2 κουταλάκι του γλυκού αλάτι
- 1/4 κουταλάκι του γλυκού φρεσκοτριμμένο μαύρο πιπέρι
- 1/8 κουταλάκι του γλυκού αλεσμένο μοσχοκάρυδο
- 3 φλιτζάνια σάλτσα μαρινάρα

ΟΔΗΓΙΕΣ:

a) Προθερμάνετε το φούρνο στους 350°F. Σε μια κατσαρόλα με αλατισμένο νερό που βράζει, μαγειρέψτε τα noodles σε μέτρια προς δυνατή φωτιά, ανακατεύοντας περιστασιακά, μέχρι να γίνουν al dente, περίπου 7 λεπτά.

b) Τοποθετήστε το σπανάκι σε ένα πιάτο στο φούρνο μικροκυμάτων με 1 κουταλιά της σούπας νερό. Σκεπάζουμε και ψήνουμε στα μικροκύματα για 1 λεπτό μέχρι να μαραθούν. Αφαιρέστε από το μπολ, στύψτε το υπόλοιπο υγρό.

c) Μεταφέρετε το σπανάκι σε έναν επεξεργαστή τροφίμων και χτυπήστε το για να το ψιλοκόψετε. Προσθέστε τα φασόλια, το τόφου, αλάτι και πιπέρι και ανακατέψτε μέχρι να ενωθούν καλά. Αφήνω στην άκρη.

d) Για να συναρμολογήσετε τους τροχούς καρφίτσας, απλώστε τα noodles σε μια επίπεδη επιφάνεια εργασίας. Απλώστε περίπου 3 κουταλιές της σούπας μείγμα τόφου-σπανάκι στην επιφάνεια του νουντλς και τυλίξτε το σε ρολό. Επαναλάβετε με τα υπόλοιπα υλικά. Απλώνουμε μια στρώση από τη σάλτσα ντομάτας στον πάτο μιας ρηχής κατσαρόλας.

e) Τοποθετήστε τα ρολά όρθια πάνω από τη σάλτσα και ρίξτε λίγη από την υπόλοιπη σάλτσα με κουτάλι στον τροχό.

f) Σκεπάζουμε με αλουμινόχαρτο και ψήνουμε για 30 λεπτά. Σερβίρετε αμέσως.

96. Ζήτη με ροδέλες Cheesy Crescent

Κάνει: 6 μερίδες

ΣΥΣΤΑΤΙΚΑ:
- 2 1/2 φλιτζάνια (8 oz) άψητα ζυμαρικά ziti
- 1 κιλό άπαχο (τουλάχιστον 80%) μοσχαρίσιο κιμά
- 1 κουταλάκι του γλυκού ιταλικό καρύκευμα
- 1/4 κουταλάκι του γλυκού αλάτι
- 1 βάζο (26 oz) σάλτσα ζυμαρικών μαρινάρα
- 3 φλιτζάνια φρέσκο μωρό σπανάκι ή λαχανόφυλλα, αφαιρούνται οι μίσχοι
- 2 φλιτζάνια τριμμένο μείγμα ιταλικού τυριού (8 oz)
- 1 κονσέρβα (8 oz) ψυγείο μισοφέγγαρο φύλλο ζύμης

ΟΔΗΓΙΕΣ:
a) Προθερμάνετε το φούρνο στους 375°F. Ψεκάστε ταψί 11x7 ιντσών (2 λίτρων) με μαγειρικό σπρέι. Βράζετε και στραγγίζετε τα ζυμαρικά σύμφωνα με τις οδηγίες στη συσκευασία.

b) Εν τω μεταξύ, σε αντικολλητικό τηγάνι 12 ιντσών, μαγειρέψτε το βοδινό κρέας, 1/2 κουταλάκι του γλυκού από τα ιταλικά καρυκεύματα και το αλάτι σε μέτρια προς δυνατή φωτιά για 5 έως 7 λεπτά, ανακατεύοντας περιστασιακά, μέχρι να μην είναι πια ροζ. διοχετεύω. Ανακατέψτε τα ζυμαρικά, τη μαρινάρα και το σπανάκι στο μείγμα του βοείου κρέατος μέχρι να αναμειχθούν καλά. Ρίξτε κουτάλι στο ταψί. Πασπαλίζουμε με 1 φλιτζάνι από το τυρί.

c) Σε ένα μικρό μπολ, ανακατέψτε το υπόλοιπο 1 φλιτζάνι τυρί και το υπόλοιπο 1/2 κουταλάκι του γλυκού ιταλικά καρυκεύματα μέχρι να αναμειχθούν καλά. Αφήνω στην άκρη.

d) Ξετυλίγουμε τη ζύμη. Πασπαλίστε ομοιόμορφα το μείγμα του τυριού πάνω από τη ζύμη. πιέστε σε ζύμη.

e) Ξεκινώντας από την κοντή πλευρά, τυλίξτε το. πιέστε τις άκρες για να σφραγιστούν. Με οδοντωτό μαχαίρι κόβουμε το ρολό σε 12 φέτες. Τοποθετήστε την κομμένη πλευρά προς τα κάτω πάνω από το τυρί στο ταψί.

f) Ψήστε για 20 έως 25 λεπτά ή μέχρι τα μισοφέγγαρα να ροδίσουν και να μην είναι πλέον ζυμάρι.

97. Ρολά ζυμαρικών με κρεμώδη σάλτσα ντομάτας

Κάνει: 8 μερίδες

ΣΥΣΤΑΤΙΚΑ:
- 2 Ζυμαρικά ; φρέσκο 9 x 12
- 6 ουγγιές Προσούτο? σε λεπτές φέτες
- 1 κιλό σπανάκι? φύλλα μόνο, ατμός
- 4 ουγγιές τυρί Ricotta
- 2 ουγγιές τυρί μοτσαρέλα
- 4 κουταλιές της σούπας τυρί Reggiano παρμεζάνα
- Αλας
- Πιπέρι
- Μοσχοκάρυδο
- Κρεμώδης σάλτσα ντομάτας
- 35 ουγγιές Plum ντομάτα? στραγγισμένο
- 3 κουταλιές της σούπας γλυκό βούτυρο
- 2 Med κρεμμύδι? ψιλοκομμένο
- 1 φλιτζάνι λευκό ξηρό κρασί
- 2 φλιτζάνια ζωμός κοτόπουλου
- 1 φλιτζάνι βαριά κρέμα

ΟΔΗΓΙΕΣ:
a) Φέρτε μια τεράστια κατσαρόλα με αλατισμένο νερό να βράσει. Ρίξτε μέσα τα ζυμαρικά και μαγειρέψτε για περίπου 2 λεπτά.
b) Αφαιρέστε τα φύλλα από το νερό και ξεπλύνετε προσεκτικά από τη λαβή και στη συνέχεια τοποθετήστε τα σε φύλλα πλαστικής μεμβράνης. Στεγνώστε το πάνω μέρος του φύλλου με χαρτοπετσέτα και σκεπάστε τα ζυμαρικά με τα προσούτο σε 1 στρώση.
c) Απλώνουμε το μείγμα σπανάκι/τυρί πάνω από τα προσούτο και τυλίγουμε σε ρολό με την πλευρά 6".
d) Χρησιμοποιήστε το πλαστικό περιτύλιγμα για να σας βοηθήσει να το τυλίξετε σφιχτά και στη συνέχεια τυλίξτε το ρολό στην πλαστική μεμβράνη και βάλτε το στο ψυγείο μέχρι να είστε έτοιμοι για χρήση.
ΣΑΛΤΣΑ:

e) Λιώστε το βούτυρο σε μεγάλο τηγάνι και σοτάρετε τα κρεμμύδια μέχρι να αρχίσουν να ροδίζουν.

f) Προσθέστε το κρασί στο τηγάνι, αφήστε το μείγμα να πάρει βράση και μειώστε τα υγρά σε περίπου ¼ φλιτζάνι.

g) Προσθέστε το ζωμό κοτόπουλου και επαναφέρετε το μείγμα σε βράση.

h) Μειώστε αυτό το μείγμα μέχρι να γίνει περίπου ½ φλιτζάνι. Πιέστε τις στραγγισμένες ντομάτες με τα δάχτυλά σας για να σπάσουν και προσθέστε τις στα μειωμένα υγρά στο τηγάνι, αφήστε να πάρουν μια βράση και χαμηλώστε τη φωτιά και σιγοβράστε για περίπου 30 λεπτά, προσέχοντας προσεκτικά και ανακατεύοντας συχνά.

i) Προσθέστε παχύρρευστη κρέμα, συνεχίστε το μαγείρεμα αργά για 10 λεπτά.

j) Δοκιμάστε, προσαρμόστε το καρύκευμα με αλάτι και πιπέρι.

ΣΥΝΕΛΕΥΣΗ:

k) Αφαιρέστε τα ρολά ζυμαρικών από την πλαστική μεμβράνη και βάλτε τα στο τηγάνι με τη σάλτσα.

l) Όταν ζεσταθεί, κόψτε την άκρη του ρολού για να γίνει ομοιόμορφο.

m)   Στη συνέχεια κόβουμε το ρολό σε 3 ίσα κομμάτια.

n) Για να σερβίρετε, βάλτε μια λίμνη σάλτσας στον πάτο του πιάτου και βάλτε 2 ή 3 κομματάκια ρολό ζυμαρικών στο πιάτο, με την πλευρά του τροχού προς τα πάνω.

o) Πασπαλίστε με τριμμένο τυρί αν σας αρέσει και απολαύστε.

98. Συλλογή καβουριών θαλάσσιου ναύλου

Κάνει: 6 μερίδες

ΣΥΣΤΑΤΙΚΑ:
6 Noodles λαζάνια, μαγειρεμένα
1 αυγό, χτυπημένο
1 φλιτζάνι τυρί Ricotta
¼ φλιτζάνι τυρί παρμεζάνα, τριμμένη
1 κουταλιά της σούπας νιφάδες μαϊντανού
¼ κουταλάκι του γλυκού Κρεμμύδι σε σκόνη
2 κονσέρβες Sea Fare Crabmeat, καλά στραγγισμένο
1 κονσέρβα σάλτσα ντομάτας, 15 oz.
1 κουταλάκι του γλυκού Ρίγανη
1 κουταλάκι του γλυκού Φύλλα Βασιλικού
¼ κουταλάκι του γλυκού σκόνη σκόρδου
½ φλιτζάνι τυρί μοτσαρέλα, τριμμένο

ΟΔΗΓΙΕΣ:
Μαγειρέψτε τα noodles σύμφωνα με τις οδηγίες της συσκευασίας
και στραγγίστε τα καλά. Συνδυάστε αυγά, τυριά, μαϊντανό και
κρεμμύδι σε σκόνη. Προσθέστε το καβούρι απαλά για να
αποφύγετε το τεμαχισμό.
Απλώστε ⅓ γέμιση φλιτζανιού πάνω στο noodle, τυλίξτε σφιχτά
και τοποθετήστε τη ραφή προς τα κάτω σε ταψί 9" επί 12".
Συνδυάστε τη σάλτσα ντομάτας και τα υπόλοιπα μπαχαρικά.
περιχύνουμε ρολά. Πασπαλίστε το τυρί μοτσαρέλα πάνω από το
ρολό.
Σκεπάζουμε και ψήνουμε για 30 λεπτά στους 375F.

99. Ρολά από σπανάκι

Κάνει: 6 μερίδες

ΣΥΣΤΑΤΙΚΑ:
6 ουγκιές noodles λαζάνια, άψητα
10 ουγγιές σπανάκι, κατεψυγμένο
1 φλιτζάνι τυρί κότατζ με χαμηλά λιπαρά 2%
2 κουταλιές της σούπας παρμεζάνα, τριμμένη
¾ κουταλάκι του γλυκού μοσχοκάρυδο
¼ κουταλάκι του γλυκού Πιπέρι
½ κουταλάκι του γλυκού φλούδα πορτοκαλιού
½ κουταλιά της σούπας σκελίδα σκόρδο ψιλοκομμένη
½ φλιτζάνι Κρεμμύδι ψιλοκομμένο
3 κουταλιές της σούπας εξαιρετικό παρθένο ελαιόλαδο
½ κουταλιά της σούπας βασιλικός, αποξηραμένος
16 ουγγιές σάλτσα ντομάτας, κονσέρβα

ΟΔΗΓΙΕΣ:
Ενώ ψήνονται τα 8 λαζάνια χυλοπίτες. Ανακατεύουμε τα υλικά 2 έως 7 για τη γέμιση. Ψύξτε τα μαγειρεμένα noodles και απλώστε τα. Απλώνουμε δύο ή τρεις κουταλιές της σούπας από τη γέμιση σε μαγειρεμένο noodle και τυλίγουμε από άκρη σε άκρη. Σηκωθείτε σε μια κατσαρόλα δύο λίτρων ή λαδωμένο τετράγωνο ταψί οκτώ ιντσών. Ετοιμάζουμε τη σάλτσα από τα υπόλοιπα υλικά.
Σοτάρουμε το σκόρδο και το κρεμμύδι στο ελαιόλαδο μέχρι να μαλακώσουν. Προσθέστε βασιλικό και σάλτσα ντομάτας. Ανακατεύουμε να ομογενοποιηθούν πλήρως. Περιχύνουμε τα λαζάνια και ψήνουμε στους 350 για 20 λεπτά.

100. Ρολά λαζάνια λαχανικών

Φτιάχνει: 1 Συνταγή
ΣΥΣΤΑΤΙΚΑ:
1 φλιτζάνι άπαχο τυρί ρικότα

¼ φλιτζάνι τυρί μοτσαρέλα μερικώς αποβουτυρωμένο

¼ φλιτζάνι τυρί παρμεζάνα φρεσκοτριμμένη

8 ουγγιές φρέσκο σπανάκι, πλυμένο και χοντροκομμένο

1 κουτί (15 oz) λευκά φασόλια στραγγισμένα και ξεπλυμένα

2 κουταλιές της σούπας φρέσκια ρίγανη ψιλοκομμένη

2 κουταλιές της σούπας φρέσκια λεκάνη ψιλοκομμένη

8 ουγγιές ωμές λαζάνια λαζάνια

3 κουταλάκια του γλυκού Εξαιρετικά ελαφρύ ελαιόλαδο με λίγο σησαμέλαιο

2 φλιτζάνια κρεμμύδια ψιλοκομμένα

2 σκελίδες σκόρδο, ξεφλουδισμένες, ψιλοκομμένες

2 φλιτζάνια μελιτζάνα κομμένη σε κύβους

1 μεγάλη κόκκινη πιπεριά, ξεσποριασμένη και κομμένη σε κύβους

2 κουταλιές της σούπας πελτέ ντομάτας χαμηλής περιεκτικότητας σε νάτριο

¼ κουταλάκι του γλυκού Νιφάδες κόκκινης πιπεριάς

1 φλιτζάνι Κόκκινο κρασί

1 κουτί (16 oz) ολόκληρες ντομάτες με υγρό

1 κουταλιά της σούπας φρεσκοστυμμένο χυμό λεμονιού

½ κουταλάκι του γλυκού φρεσκοτριμμένο αλάτι

½ κουταλάκι του γλυκού φρεσκοτριμμένο μαύρο πιπέρι

2 κουταλιές της σούπας φρεσκοτριμμένη παρμεζάνα
ΟΔΗΓΙΕΣ:
Ανακατεύουμε σε ένα μεγάλο μπολ τα τρία τυριά, το σπανάκι, τα μισά φασόλια, τη μισή ρίγανη και το μισό βασιλικό. Αφήνω στην άκρη.

Μαγειρέψτε τα noodles al dente. Ψύξτε τα κάτω από κρύο νερό όταν ψηθούν όπως σας αρέσουν.

Προθερμάνετε το φούρνο στους 350 F. Ρίχνουμε 1 κουταλάκι του γλυκού λάδι σε ένα μεγάλο τηγάνι σε μέτρια προς δυνατή φωτιά και τσιγαρίζουμε τα κρεμμύδια και το σκόρδο για 5 λεπτά, ανακατεύοντας συχνά. Μεταφέρετε το μισό στη γέμιση με σπανάκι και τυρί και αφήστε το άλλο μισό στην άκρη. Σκουπίστε το τηγάνι καθαρό.

Προσθέστε 1 κουταλάκι του γλυκού λάδι στο ίδιο τηγάνι και σε μέτρια φωτιά, μαγειρέψτε τη μελιτζάνα για 8 λεπτά, ανακατεύοντας συχνά. Είναι σημαντικό ο πάτος του τηγανιού να μην καίει. Ρίχνουμε με κουτάλι τη ψημένη μελιτζάνα στο μείγμα της γέμισης και ανακατεύουμε καλά. Σκουπίστε το τηγάνι καθαρό.

Προσθέστε το υπόλοιπο λάδι στο ίδιο τηγάνι και, σε μέτρια φωτιά, μαγειρέψτε την κόκκινη πιπεριά για 3 λεπτά. Ρίχνουμε με κουτάλι τη μαγειρεμένη πιπεριά στο μείγμα της γέμισης. Σκουπίστε το τηγάνι καθαρό.

Προσθέστε τον πελτέ ντομάτας στο ίδιο τηγάνι και, σε μέτρια φωτιά, μαγειρέψτε μέχρι να πάρει χρώμα - περίπου 5 λεπτά. Είναι πολύ σημαντικό να μην καίγεται αλλά απλώς να ροδίζει. Ανακατεύουμε τις νιφάδες κόκκινης πιπεριάς και το κρασί, αφήνουμε να πάρει μια βράση, χαμηλώνουμε τη φωτιά και μειώνουμε το υγρό κατά περίπου ένα τέταρτο - περίπου 15 λεπτά. Προσθέτουμε τις ντομάτες κονσέρβας και τα υγρά τους, ανακατεύοντας μέχρι να σπάσουν οι ντομάτες σε κομμάτια.

Προσθέστε τα υπόλοιπα φασόλια, τη ρίγανη, τον βασιλικό και τα κρατημένα ψημένα κρεμμύδια και το σκόρδο και μαγειρέψτε για 5 λεπτά σε πολύ χαμηλή φωτιά. Προσθέστε το χυμό λεμονιού, το αλάτι και το μαύρο πιπέρι και ανακατέψτε καλά.

Βάλτε ένα λαζάνια λαζάνια σε ένα ξύλο κοπής. Πλάθετε ½ φλιτζάνι από τη γέμιση σε μια τραχιά μπάλα, απλώνετε στη μία άκρη των λαζάνια και τυλίγετε σε ρολό από άκρη σε άκρη. Επαναλάβετε με τα υπόλοιπα noodles.

Ρίχνουμε τη σάλτσα σε μπεν μαρί 9" X 13". Τοποθετήστε τα ρολά λαζάνια από πάνω, με τη ραφή προς τα κάτω και ρίξτε λίγη κουταλιά από τη σάλτσα πάνω τους. Σκεπάζουμε με αλουμινόχαρτο και ψήνουμε για 40 λεπτά. Αφαιρούμε το αλουμινόχαρτο, πασπαλίζουμε με παρμεζάνα και ψήνουμε για 5 λεπτά.

ΣΥΜΠΕΡΑΣΜΑ

Εδώ, θα βρείτε τόσο ζεστούς όσο και κρύους τροχούς που είναι ιδανικοί για πάρτι. Μερικά φτιάχνονται με τορτίγιες, ενώ άλλα χρησιμοποιούν σφολιάτα ή ακόμα και ζύμη πίτσας — τα ρολά πίτσας με πεπερόνι είναι απαραίτητο για τους πεινασμένους εφήβους. Θέλετε να προσθέσετε μια συνταγή τροχοσ ακινησησl στο τραπέζι σας με σνακ Super Bowl; Υπάρχουν πολλοί ρόδες γεμάτες με γεύσεις ημέρας παιχνιδιού, όπως βουβαλίσιο κοτόπουλο, cheesesteak και jalapeño popper. Ανεξάρτητα από το ρολου που θα επιλέξετε, αυτά τα εύκολα ορεκτικά είναι τα αγαπημένα για πάρτι.